本試験型 '24年版

調理師

資格試験問題集

法月 光 編著

成美堂出版

本試験型 調理師資格試験問題集

も く じ

本 書 の 特 徴

1 問題は全部で 6 回分あります。1 回分の出題数は全部で 60 問。問題は、

公衆衛生学	9 問
食品学	6 問
栄養学	9 問
食品衛生学	15 問
調理理論	18 問
食文化概論	3 問

という順番で出題されています。そのうち各科目 6 割以上正解すれば合格水準です。

2 別冊に解答とともに解説もついていますので、間違った問題や苦手な問題について、十分に理解を深めておきましょう。

3 別冊に解答用紙を用意してあります。コピーして使い、繰り返し問題にチャレンジしましょう。

4 本書の問題は過去の試験問題を分析し、作成しています。試験問題は都道府県ごとで違いますが、どの都道府県でも対応できるようになっています。

調理師試験　受験ガイド

1 調理師資格

調理師とは、調理師の名称を用いて調理業務を行うことができる資格です。調理師資格を取得するには、
①都道府県知事が指定した調理師養成施設を卒業する、
②調理師試験を受験して合格する、
の2つの方法があります。

2 受験資格

受験するには、次の「学歴」かつ「実務経験（職歴）」の条件を満たしている必要があります。

学歴 ▶
● 中学校卒業以上の者
※ 学校教育法第57条にある「高等学校に入学することのできる者」
● 旧制国民学校高等科の修了者、旧制中学校2年の課程の修了者、またはこれらと同等の学力があると認められる者

実務経験（職歴）▶
・前記の学歴の規定を満たす人で、多数人に対して飲食物を調理して供与する施設または営業で、2年以上調理の業務に従事した人。

【実務経験が認められる施設または営業】
① 飲食店営業(一般食堂、料理店、すし屋、そば屋、旅館、仕出し屋、弁当屋、レストラン、カフェー、バー、キャバレーなど食品を調理し、客に飲食させる営業)
② 魚介類販売業(店舗を設け、鮮魚介類を販売する営業。販売のみで、調理工程を認められていないものは除く)
③ そうざい製造業・複合型そうざい製造業(煮物・焼き物・炒め物などを製造する営業)
④ 学校、病院、寮等の給食施設(継続して1回20食以上または1日50食以上調理する施設)
※ パート・アルバイトで調理業務に従事している場合は原則、週4日以上かつ1日6時間以上の勤務が必要。
※ 小中学校などの長期休暇のある施設で調理業務に従事している場合、長期休暇期間は除く。

3 試験の内容

試験科目	試験科目は次の6科目です。①公衆衛生学、②食品学、③栄養学、④食品衛生学、⑤調理理論、⑥食文化概論

出題形式	四肢択一	試験時間	120分

合格判定	原則として全科目の合計得点が満点の6割以上である者は合格とし、1科目でも得点が当該科目の平均点を著しく下回る場合は不合格となります。
出題数	60問以上
各科目の出題割合	公衆衛生学——問題数の15%　　食品学——問題数の10% 栄養学——問題数の15%　　食品衛生学——問題数の25% 調理理論——問題数の30%　　食文化概論——問題数の5%

※上記の受験ガイドはあくまで原則で、都道府県によって多少の違いや変更される可能性があります。受験する前に各都道府県が公表している最新の試験案内をご自身で必ず確認してください。

各科目とも基礎知識がポイントになります。各都道府県の過去問題を参考に作成した本書を繰り返し解いて勉強してください。また例年、時代を反映した問題も全科目を通して数問ほど出題されています。食に関する最新の話題について知っておくことも大切です。

1 公衆衛生学のポイント

●健康の定義
WHO……設立年度、本部、憲章、国際連合、健康の定義

●公衆衛生の定義
公衆衛生の特性……憲法第25条・すべて国民は、健康で文化的な最低限度の生活を営む権利を有する

保健所の活動内容・日本における公衆衛生の発展……健康・体力増強、死亡原因

公衆衛生の現状……生活習慣病、感染症、食品の安全、ごみ処理

●保健事業
疾病予防から健康増進へ……疾病予防の段階・健康増進

わが国における健康づくり対策……新健康フロンティア戦略・健康日本21（第2次）、0次予防

健康教育……健康教育の目的・健康教育の方法

心身相関とストレス……ストレスの要因・ストレスによる健康障害

疾病予防……疾病予防の段階・1次予防、2次予防、3次予防、メンタルヘルス不全、予防接種

母子保健……低体重児、人工乳、妊産婦死亡、母子健康手帳、乳児・新生児死亡、低体重児届出

学校保健……学校保健安全法、多い疾患
労働安全衛生法……健康診断、特殊健診、保健指導、作業環境より作業方法が原因となる職業病

●調理師の職場環境
職場環境……調理場の構造や換気、採光、照明、調理施設で発生しやすい労働災害

●公衆衛生活動の指針
衛生統計の種類……①人口統計（人口静態統計、人口動態統計）、②疾病統計（食中毒統計や感染症発生動向調査など）、③栄養統計（国民健康・栄養調査）。

寿命……平均寿命、平均余命、死亡率（粗死亡率）、年齢調整死亡率、乳児・新生児死亡率、死因別死亡率、高齢化率、老年人口、生産年齢人口、年少人口、健康寿命

●公衆衛生行政
日本の衛生行政……①一般衛生行政（家庭、地域社会の生活全般を対象）、②学校保健行政（学校生活を対象）、③労働衛生行政（職場の生活を対象）、④環境保全行政（生活環境の保全などの社会全般の衛生を対象）の4つの分野で推進。調理師に関係が深いのは、"栄養や調理、食品衛生に関する公衆衛生行政"という一般衛生行政。

●調理師法に関すること
調理師法……目的、内容、調理師資格届出制度、努力規定

調理師免許……名称独占、受験申請先、目的、免許を与えられる者、免許の取り消し

変更などの届け……氏名や住所などの変更、

再交付、紛失した場合の届け出

● 健康増進法に関すること

健康増進法……目的

健康増進法の内容……受動喫煙の防止、国民健康・栄養調査、保健機能食品、特別用途食品、国民の健康増進活動を推進するための義務と努力

● 食と健康づくり

健康増進のための取り組み……メタボリックシンドロームと生活習慣病、健康的な食習慣づくり

● 調理師と食育

食育……食育基本法、旬の食材や安心安全な食べ物、自然の恵みや「食」に関わる人々の活動への理解、食料自給率を上げる重要性の認識

2 食品学のポイント

● 食品の特徴

動物性食品と植物性食品……たんぱく質、糖質、脂質、ビタミン、無機質、食物繊維、消化性などの特性

米……玄米、日本型、インド型、精白米、もち米、うるち米、ビーフン

小麦……たんぱく質、色素とアルカリ、グルテン

いも類・でんぷん……グルコマンナン、さつまいもとカロテン、じゃがいもとソラニン

豆類……大豆のたんぱく質、脂質とたんぱく質の多い豆、豆腐、イソフラボン

野菜類……緑黄色野菜、大根アミラーゼ、ビタミン

魚介類……多価不飽和脂肪酸（高度不飽和脂肪酸）、ミオグロビン、ヘモグロビン、血合肉、普通肉

肉類……豚肉とビタミンB_1、獣肉類、肉の熟成

卵類……栄養価、卵黄の色、卵白の溶菌作用、鮮度低下による変化

乳類……乳類の成分、アイスクリームの乳成分、牛乳のたんぱく質凝固

油脂類……動物性油脂と植物性油脂の特徴、必須脂肪酸、油脂の融点

● 食品の加工と貯蔵

食品貯蔵法……燻煙、土中貯蔵、冷蔵、缶詰、乾燥、塩蔵、ガス貯蔵、紫外線、レトルト食品

食品加工と食品微生物……しょうゆ、味噌、ビール、納豆、清酒、かつお節、チーズ、グルタミン酸生産菌、カビ、酵母

● 食品表示

食品表示法……消費期限と賞味期限、アレルゲン表示、食品表示基準

● 保健機能食品

特定保健用食品・栄養機能食品・特別用途食品……規定、内容、表示、許可

● 食品成分表

食品成分表……記載項目、食品の水分、鉄の多い食品、ビタミンA・C

3 栄養学のポイント

● 栄養素の機能

炭水化物……構成成分、糖質の分類、食物繊維、でんぷん

脂質……エネルギー、腹持ち、コレステロール、脂溶性ビタミン、DHA、必須脂肪酸

たんぱく質……アミノ酸、必須アミノ酸、

生理作用、たんぱく質の合成

ビタミン……欠乏症、コラーゲンとビタミンC、水溶性ビタミンと脂溶性ビタミン、ビタミンA・D・E・K・B_1・C、葉酸

無機質……欠乏症、働き、利用阻害物質、タンニンと鉄、Ca、Fe、Na、P、Zn、I、Mg

●消化吸収と排泄

消化酵素と分泌場所……口腔、胃、腸、肝臓、胆のうと消化酵素名

消化の分類……化学的消化、物理的消化、生物的消化

消化酵素と栄養素……ペプシン、マルターゼ、ラクターゼ、唾液アミラーゼ、でんぷん、麦芽糖、乳糖

●病態と栄養

生活習慣病と栄養……糖尿病、痛風、腎炎、高血圧症、肝臓病、腎臓病、血糖値とホルモン

●三大栄養素と微量栄養素

三大栄養素とエネルギー……アトウォーター係数

五大栄養素の働き……たんぱく質、糖質、脂質、ビタミン、無機質、構成素、調整素、熱量素

●日本人の食事摂取基準

食事バランスガイド……SV、こま、食事区分

食事摂取基準……食事摂取基準、食生活指針

●食生活の現状と健康

メタボリックシンドローム……腹囲

生活習慣病……1次予防、栄養摂取と疾病

現代日本人に不足する栄養素と過剰な栄養素……カルシウム、エネルギー、脂質

●エネルギー代謝

基礎代謝に影響を及ぼす要因……体表面積、年齢差、体質、性別、気候

●ライフステージと栄養

高齢者の栄養……カロリー、たんぱく質、脂質、塩分、食物繊維

妊産婦・授乳婦の栄養、乳児栄養……カロリー、たんぱく質、鉄、葉酸、間食、母乳栄養

4 食品衛生学のポイント

●食品安全に関すること

食品安全基本法……理念、目的、内容

●感染症に関すること

感染症法に基づく感染症の分類

●食品衛生法に関すること

食品衛生法……目的、内容、食品とは、乳製品製造、食中毒にかかったとき、誇大広告、食品衛生推進員、食品衛生管理者、食品衛生監視員

飲食店営業許可……設備の基準、営業許可に必要なもの

●食品表示法に関すること

食品表示法……消費者基本法の基本理念を踏まえて、表示義務付けの目的を統一・拡大することを目的として平成25年に制定された。

表示の基準……①食品の素性を明らかにする「名称」、②食品を摂取する際の安全性の確保に関する「アレルゲン」「保存の方法」「消費期限」、③消費者の食品選択の機会確保に関する「原材料」「添加物」「栄養成分の量および熱量」「原産地」、④その他食品関連事業者が遵守すべき事項。

●食中毒

食中毒の分類……細菌性、ウイルス性、感染型、毒素型、自然毒、化学性

食中毒の発生……発生時期・施設、原因食品

O157……ベロ毒素、症状、潜伏期間、発生件数、汚染源、発生菌量、予防

ノロウイルス……予防法、菌の形状、直接感染、二枚貝、不活性

自然毒……ソラニン、テトロドトキシン、アミグダリン、シクトキシン

カンピロバクター……菌の形状、症状、感染源、予防法

サルモネラ属菌……菌の形状、症状、発症菌量、鶏卵

●食中毒対策

食中毒……医師の義務、月別食中毒発生状況、発生施設、保健所への届出

細菌性食中毒の予防方法……調理従事者の衛生、予防の三原則、媒介動物

●感染症

感染症の種類……細菌性赤痢、腸管出血性大腸菌、後天性免疫不全症候群、結核、マラリア、腸チフス、コレラ、鳥インフルエンザ、輸入感染症、ウイルスによる感染症、細菌、クロイツフェルト・ヤコブ病、インフルエンザ、麻しん、アメーバ赤痢

感染症と感染経路……飛沫感染、経口感染、昆虫媒介、経皮感染、感染症流行の3条件

感染症の予防……5類感染症で最多であったもの、3類感染症、予防接種、予防対策、健康保菌者、人畜共通感染症

そ族・昆虫と疾病……ネズミ、ハエ、ゴキブリ、ノミ、シラミ

衛生害虫の駆除、消毒剤……クレゾール、次亜塩素酸ナトリウム、さらし粉、中性洗剤

●食品添加物

食品添加物の種類……着色料、保存料、酸化防止剤、発色剤、栄養強化剤、甘味料、漂白剤、防カビ剤、膨張剤、乳化剤

食品添加物の使用基準……添加物とは、指定添加物、表示基準、記載の順位、既存添加物、使用目的、使用基準

●寄生虫

寄生虫の種類……アニサキス、肺吸虫、回虫、旋毛虫、横川吸虫、トキソプラズマ、無鉤条虫、有鉤条虫、旋尾線虫、顎口虫、クドア・セプテンプンクタータ、サルコシスティス・フェアリー

●消毒について

消毒とは……微生物の活力を除去

化学的手段……次亜塩素酸ナトリウム＝調理器具や野菜、アルコール＝乾いた器具、手指

物理的手段……加熱、紫外線、蒸気

逆性石けん

●調理場と調理師の衛生

調理器具の取り扱い……生肉に使用した道具、使用後の器具の処理、まな板、熱湯消毒

調理場の衛生管理……井戸水、調理台の高さ、冷蔵庫の場所など

HACCP

調理師の衛生……調理時の服装、下痢、手洗い、手指のキズ、爪、盛り付け、健康チェック

●微生物について

微生物の分類と繁殖条件……細菌、ウイルス、原生動物、カビ、リケッチア

●食品の保存と変化

食品の変化……腐敗、変敗、変質、低温保存、酸化

食品の保存方法……冷凍、微生物の水分活性、燻煙法、冷蔵庫、低温貯蔵、乾燥法、レトルト、缶詰、保存料

●食品取り扱い

食品の簡易鑑別法……魚介類、缶詰の缶、クチクラ

食品の表示……遺伝子組換え食品、アレルゲン表示、ポストハーベスト

残留農薬の制度……ポジティブリスト

5 調理理論のポイント

●食べ物の味について

味を感じる因子……物理的要因、化学的要因、環境的要因、感覚的要因

味の種類と呈味物質……酸味、塩味、甘味、苦味、うま味

味の混合による効果……対比効果、抑制効果、相乗効果

塩・砂糖・酢が食材に及ぼす調味以外の調理効果

●食品の色素

色素の分類と調理による変化……クロロフィル、カロテノイド、アントシアニン、フラボノイド、ミオグロビン、アスタシン

●調理操作

湿式加熱と乾式加熱……水を媒体とした加熱＝煮る・蒸す、水を使用しない加熱＝焼く・揚げる

洗浄、浸漬、干物の吸水、乾物のもどし、包丁……吸水時間、もどりの重量、包丁の種類、切り方の種類

●各食品の調理特性

卵、魚、米、豆の調理

●食品の調理科学

寒天とゼラチン……違い、凝固温度、ゼラチンとパイナップル

たんぱく質の変性……肉とコラーゲン、卵焼きと砂糖、小麦粉のグルテン

でんぷんの老化……老化防止、α化、糊化

小麦粉の種類と特性……強力粉、中力粉、薄力粉、小麦粉とルー

油脂の酸化……酸化促進物質、揚げ油の保存、酸化防止の方法

●調理とビタミン損失・利用促進

ビタミンA・C・B₁・B₂、ナイアシン、カロテン

●治療食の栄養摂取

高血圧症、糖尿病、腎臓病、肝臓病、動脈硬化、肥満の治療食のポイント

---

6 食文化概論のポイント

●日本の食の歴史

古代……蘇、酪、唐菓子

中世……精進料理、懐石料理、南蛮菓子

近世……卓袱料理、普茶料理
（しっぽく）

近代……牛鍋、あんパン、カツ丼、カレーライス

現代……飽食、孤食、食料自給率、エネルギー比、インスタント食品、ファストフード

●日本の郷土料理

郷土料理の種類と郷土、主材料の結び付け……石狩鍋、イカめし、ルイベ、きりたんぽ、ずんだ餅、わんこそば、しもつかれ、ほうとう、五平餅、柿の葉ずし、鮒ずし、皿鉢料理、からし蓮根、ソーキそば、チャンプルー

●日本人の食生活

日本の食の形式……本膳、普茶、卓袱、懐石、会席、中食、外食

行事食……五節句、正月、ハレとケ

●和食；日本人の伝統的な食文化

2013年12月4日に、和食が「ユネスコ無形文化遺産」に登録された。

●世界の料理

西洋料理の特徴……フランス、イギリス、ドイツ、スペイン、イタリア、スイス

中国料理の特徴……四大系統と代表的な料理

その他……韓国、タイ、ベトナム、インド、エスニック

料理名と国……シシカバブ、タコス、ゴイクン、シュラスコ

※ 本書は原則として2023年11月現在の情報に基づいて構成、編集されています。

第1回 調理師試験問題

試験時間 2時間

解答一覧 ——→ 別冊 P.100 ～ 101

解答と解説 ——→ 別冊 P.1 ～ 16

（別冊）P.98 ～ 99 の解答用紙をコピーしてお使いください。

公衆衛生学

問 1 保健所の業務として誤っているものを一つ選びなさい。

(1) 栄養の改善および食品衛生に関する事項

(2) 人口動態統計その他地域保健に係る統計に関する事項

(3) 女性や年少者の労働に関する事項

(4) エイズ、結核、性病、伝染病その他の疾病の予防に関する事項

問 2 衛生統計に関する記述のうち、正しいものを選びなさい。

(1) 日本の出生率は、ここ数年は増加傾向にある。

(2) 令和4年におけるわが国の出生率は 6.3 であり、国際的にも高水準にある。

(3) 死亡率（粗死亡率）は、人口1万人に対する年間の死亡数を示す。

(4) 健康寿命とは、平均寿命から寝たきりや認知症などによる介護状態の期間を差し引いた期間のこと。

問 3 人口統計に関する記述のうち、正しいものを選びなさい。

(1) 人口静態統計は、出生届、死亡届、婚姻届、離婚届、死産届をもとに作られている。

(2) 特定の一時点における人口集団の特性を把握する統計の代表的なものとして、5年ごとの国民生活基礎調査がある。

(3) 人口動態統計は、人口の動きを示す統計であり、出生届と死亡届の二つをもとにして作られている。

(4) わが国の乳児死亡率は非常に低く、令和4年には 1.5 と、世界トップレベルの水準である。

問 4 水道水に関する記述で、正しいものを選びなさい。

(1) 水道水（飲料水）の水質基準として、大腸菌は 100 個/100mL 未満と定められている。

(2) 水道法では、次亜塩素酸ナトリウムなどの塩素剤を使用する塩素消毒が規定されている。

(3) 一般細菌は検出されてはいけない。

(4) 検出されてはいけない物質に、トリハロメタンがある。

問
5
食育対策に関する記述のうち、誤っているものを一つ選びなさい。

(1) 第4次食育推進基本計画期間は、おおむね5年間である。

(2) 食育対策は、平成28年より厚生労働省が所管している。

(3) 食育の目標の一つに、学校給食における地場産物を活用した取り組み等を増やすといったものがある。

(4) 食育は、食育基本法に基づいて実施されている。

問
6
環境問題に関する記述のうち、正しいものを選びなさい。

(1) 温室効果ガス量のおよそ6割は、一酸化炭素である。

(2) オゾン層の破壊によって地表に達する紫外線が減少し、人体に害を与えている。

(3) 熱帯林の減少は生物多様性の減少を招くとされるが、地球環境問題の重要課題とはされていない。

(4) 酸性雨の主な原因は、自動車の排気ガスや工場の排煙に含まれている二酸化硫黄や二酸化窒素である。

問
7
内分泌かく乱物質（環境ホルモン）に関する記述のうち、誤っているものを選びなさい 。

(1) 内分泌かく乱物質は、主に細菌やウイルスから作り出されている。

(2) 甲状腺、副腎皮質、乳腺、生殖器官などに影響があると考えられる。

(3) 廃棄物焼却施設から排出されるダイオキシン類も、内分泌かく乱物質である。

(4) 生物のホルモンの働きを狂わせてしまう物質の総称であり、ある1つの物質の名称ではない。

問8 調理師法に関する記述で、誤っているものを選びなさい。

(1) 調理師法施行令第15条第2項で、「調理師は、免許の取消し処分を受けたときは、5日以内に、免許証を与えた都道府県知事に返納しなければならない。」と定められている。

(2) 調理師試験は、厚生労働大臣の定める基準により、調理、栄養及び衛生に関して必要な知識及び技能について、都道府県知事が行う。

(3) 調理師名簿の登録事項に変更を生じたときは、1年以内に免許の交付を受けた都道府県に名簿の訂正を申請しなければならない。

(4) 「飲食店などで調理の業務に従事する調理師は、2年ごとに12月31日現在における氏名、住所などを翌年の1月15日までに就業地の都道府県知事に届け出なければならない。」

問9 次の生活環境に関する記述のうち、誤っているものを選びなさい。

(1) 温室効果ガスには、フロン類、メタン、二酸化炭素などがある。

(2) 浮遊粒子状物質（SPM）とは、大気中にただよう粒子状物質のうち、粒径が $100\,\mu\mathrm{m}$ 以下の微小なものをいう。

(3) 高温多湿となる製造現場では、熱中症になりやすい。

(4) 一酸化炭素（CO）は無色、無臭の有害な気体である。

食品学

問10 食品の色素に関する組み合わせとして、誤っているものを選びなさい。

(1) クロロフィル系色素………β クリプトキサンチン・フコキサンチン

(2) カロテノイド色素…………かぼちゃ・かんきつ類

(3) アントシアニン系色素……ブルーベリー・いちご

(4) フラボノイド系色素………豆類・野菜・果物

問11 食品の流通に関する記述で（　　）に入る語句で、正しいものを選びなさい。

「食品が消費者の元へ輸送されるまでに排出される二酸化炭素量を数値化したものを（　　）という。」

(1) フード・マイレージ

(2) HACCP

(3) サプライチェーン

(4) トレーサビリティー

問12 小麦粉に関する記述で、（　　）に入る語句で、正しいものを選びなさい。

「小麦に含まれているたんぱく質であるグルテニンと（　　）は加水して練ると、粘弾性のあるグルテンを形成する。」

(1) グルコース　(2) グルカゴン

(3) グリアジン　(4) グリシニン

問13 魚介類に関する記述で、誤っているものを選びなさい。

(1) えびの殻に含まれる色素にアスタキサンチンがある。

(2) 海産魚の生臭みの原因となる臭気成分にトリメチルアミンがある。

(3) 赤身魚に含まれる色素たんぱく質にリボフラビンがある。

(4) なまこの卵巣と腸管の塩辛は「このわた」という。

問14 乳製品に関する記述について、正しいものを選びなさい。

(1) マーガリン、バター、ラクトアイスは「乳及び乳製品の成分規格等に関する省令」で乳製品に分類されている。

(2) 加工乳は、生乳にカルシウムや鉄分など乳製品以外のものを加えたものである。

(3) 乳飲料には、コーヒーや果汁などを加えた嗜好的なものがある。

(4) 無脂肪牛乳は、乳脂肪が０％でなければならない。

問 15　卵に関する記述のうち、正しいものを選びなさい。

(1) 卵黄の完全凝固温度は卵白よりも高い。

(2) 卵白に含まれるリゾチームは、殺菌作用を持っている。

(3) マヨネーズは、卵黄中のルテインの乳化作用を利用している。

(4) 卵には、すべてのビタミンが豊富に含まれている。

栄養学

問 16　脂質に関する記述について、誤っているものを選びなさい。

(1) 高密度リポたんぱく質（HDL）は善玉コレステロールと呼ばれる。

(2) 脂肪酸は、いずれも奇数個の炭素からなる。

(3) トランス脂肪酸の過剰摂取は、冠状動脈疾患の発生を増加させる危険因子の一つである。

(4) 脂質は、脂溶性ビタミン（ビタミンA、ビタミンD、ビタミンE、ビタミンK）の吸収を助ける。

問 17　たんぱく質に関する記述について、誤っているものを選びなさい。

(1) たんぱく質は、アミノ酸がペプチド結合で数多くつながった化合物である。

(2) 肉類は、穀類などに不足するリシンやトレオニンを多く含むが、バリンやトリプトファンが少なく、補足効果が低い。

(3) たんぱく質は最終的に尿素となって排泄される。

(4) 体内で合成できない不可欠アミノ酸（必須アミノ酸）は、9種類ある。

問 18　無機質(ミネラル)に関する記述で、正しいものを一つ選びなさい。

(1) マグネシウムは、生体内では100%細胞外液に含まれている。

(2) 鉄は、緑茶に含まれるテアニンとともに摂ると、吸収が阻害される。

(3) カリウムを摂りすぎると、胃がんにかかりやすくなる。

(4) リンは、骨や歯を作る成分であるが、過剰な摂取はカルシウムの吸収を悪くする。

問19 ビタミンとその主な欠乏症に関する次の組み合わせのうち、誤っているものを選びなさい。

	ビタミン	主な欠乏症
(1)	ナイアシン	ペラグラ
(2)	ビタミンC	壊血病
(3)	ビタミンA	角膜軟化症
(4)	ビタミンB$_2$	脚気

問20 栄養素の吸収に関する記述について、誤っているものを選びなさい。

(1) 中鎖脂肪酸（MCFA）は、小腸で吸収され、リンパ管を通って肝臓に運ばれる。

(2) たんぱく質は、低分子のアミノ酸などに分解されて、小腸壁から吸収され、門脈を通って肝臓に運ばれる。

(3) 鉄は、小腸で吸収されるが、3価鉄より2価鉄のほうが吸収されやすい。

(4) 中性脂肪（トリアシルグリセロール）は、モノアシルグリセロールとして吸収される。

問21 脂質異常症に関する記述について、誤っているものを選びなさい。

(1) 脂質異常症では、食物繊維を積極的に摂取するとよい。

(2) エネルギーの過剰摂取を避け、適正な体重を保つ。

(3) コレステロールを多く含む卵黄、レバー、魚卵などは控える。

(4) 飽和脂肪酸を多く含む動物性脂質は多めに、魚油に含まれる不飽和脂肪酸を少なめに摂る。

問 22 妊娠期・乳幼児期の栄養に関する記述について、誤っているものを選びなさい。

(1) 人工栄養は、乳児用調製粉乳で育てる方法である。

(2) つわりは、妊娠後期に起こる症状で、個人差がなく、期間は2週間から2ヵ月くらいである。

(3) 乳幼児期には、良質なたんぱく質やカルシウム、ビタミンの摂取を心がける。

(4) 葉酸は、妊娠初期において十分な摂取が重要である。

問 23 肥満症に関する記述について、正しいものを選びなさい。

(1) BMI 22kg/m² のときに健康被害の危険性が最も高い。

(2) 皮下脂肪型肥満のほうが、生活習慣病を発症するリスクが高い。

(3) 体脂肪が過剰に蓄積した状態であり、過食と運動不足によるものが多い。

(4) 減量は月に30%を目安に行うとよい。

問 24 次の記述のうち、誤っているものを選びなさい。

(1) 食品の可食部100g中に含まれる栄養成分の種類と量、ならびにエネルギーが「食品成分表」に示されている。

(2) 健康人を対象に、国民の健康の保持・増進、生活習慣病予防を目的として、エネルギーおよび各栄養素の摂取量の基準を示したものが「食生活指針」である。

(3) 生活習慣病を防ぐための身体活動量や運動などの目標を示したものが「健康づくりのための運動指針」である。

(4) 健康日本21（第3次）では、適正体重を維持している者の割合目標値を66%としている。

食品衛生学

問25 寄生虫の予防に関する記述で、誤っているものを選びなさい。

(1) 生野菜類は、調理、喫食前によく洗う。

(2) 魚では、筋肉内の寄生虫が内臓に移行することがあるので、内臓を食べる場合は注意する。

(3) タラ、サバ類や川魚のように寄生虫の多い魚や内臓は生食を避ける。

(4) 魚介類、肉類は十分に冷凍又は加熱する。

問26 自然毒に関する記述について、誤っているものを選びなさい。

(1) イヌサフランには毒成分があるが、ギョウジャニンニクと誤食されることがある。

(2) イシナギの肝臓の大量摂取により、ビタミンE過剰症の状態になる。

(3) シガテラ中毒として、オニカマスの事例がある。

(4) スイセンには有毒成分があり、ニラとの誤食により嘔吐や下痢などの中毒症状を起こす。

問27 ノロウイルス食中毒に関する記述のうち、誤っているものを選びなさい。

(1) 季節的には6～9月にかけての、夏季に集中的に発生する。

(2) 食品を中心温度85~90℃90秒間以上加熱することで感染性はなくなる。

(3) 汚染食品からの経口感染やヒトからヒトへの直接感染、飛沫感染もある。

(4) 不活性化には、アルコール消毒では効果がない。

問28 食品添加物に関する記述として、誤っているものを選びなさい。

(1) 1日摂取許容量は、動物実験により食品添加物の無毒性量が求められると、それに安全率（安全係数）を掛けて算出される。

(2) 指定添加物は、消費者庁長官が指定する。

(3) 豆腐の凝固剤である塩化マグネシウムは、食品衛生法で指定されている添加物である。

(4) 厚生労働省は、使用が認められた食品添加物についても、国民一人当たりの摂取量を調査するなど、継続的な安全確保に努めている。

問29 オゾン水による殺菌に関する記述について、正しいものを選びなさい。

(1) 還元力が強い。
(2) 脱臭作用がある。
(3) 含まれるオゾンは、時間とともに二酸化炭素に変化する。
(4) 化学薬品から作られた消毒薬よりも残留性が高いため、カット野菜には使用できない。

問30 微生物の種類についての組み合わせのうち、誤っているものを選びなさい。

(1) 真菌 ………………………大腸菌
(2) 細菌 ………………………腸炎ビブリオ
(3) ウイルス ………………HIV
(4) 原虫 ………………………クリプトスポリジウム

問31 セレウス菌食中毒に関する記述のうち、正しいものを選びなさい。

(1) セレウス菌は芽胞を形成しない。
(2) 下痢型と嘔吐型があり、下痢型は熱に強く、嘔吐型は熱に弱い。
(3) 嘔吐型の原因食品は米飯や焼きそば、スパゲティなどが多い。
(4) 炊いた飯は加熱しているため、常温で長時間放置してもセレウス菌食中毒の心配はない。

問32 食品衛生法に基づく、食品中の放射性セシウムの基準値に関する組み合わせで、誤っているものを選びなさい。

(1) 一般食品 ………………100Bq/kg
(2) 牛乳 ………………………50Bq/kg

(3) 飲料水 ………………………50Bq/kg

(4) 乳児用食品 ……………50Bq/kg

問33 食品の水分活性に関する記述のうち、正しいものを選びなさい。

(1) 食品の水分活性とは、その食品中に含まれる結合水の割合のことである。

(2) ジャムは水分が多く、また糖分も多いため、自由水の割合が高い。

(3) 一般的に食品の水分活性が0.6以下になると微生物は増殖できない。

(4) 温燻は水分活性を低下させる保存法とはならない。

問34 腐敗・変敗に影響する条件に関する記述として、誤っているものを選びなさい。

(1) 温度20〜40℃程度で、多くの細菌が増殖しやすい。

(2) 腐敗菌とは、食品中のたんぱく質や脂質を分解して悪臭物質を作る細菌の総称である。

(3) 微生物は結合水のみを利用して生育するので、結合水の比率の低い食品は、腐敗・変敗しにくい。

(4) 食品を乾燥させる保存法と、塩蔵や糖蔵による保存法は同様な原理による。

問35 界面活性剤に関する記述の組み合わせとして、誤っているものを選びなさい。

(1) 浸透作用 ………表面張力を小さくして、汚れが付着している物質に浸透する作用。

(2) 乳化作用 ………油脂と水とを一体化させ、汚れをきれいに落とす作用。

(3) 分散作用 ………汚れを落としたあと、残った汚れが再度つかないようにする作用。

(4) 可溶化作用 ……汚れ内部に洗浄液が入り込み、汚れを細かくする作用。

問 36 逆性石けんについての記述で、正しいものを選びなさい。

(1) 普通の石けんは酸性であるが、逆性石けんはアルカリ性である。

(2) 逆性石けんは、臭いと刺激性が強い。

(3) 逆性石けんは、石けんや陰イオン界面活性剤と同時に使用すると殺菌効果が低下する。

(4) 逆性石けんは、汚れなどの有機物があると殺菌力がより強くなる。

問 37 食品表示に関する記述について、誤っているものを選びなさい。

(1) 生鮮食品を販売する場合、食品表示の義務はない。

(2) 期限表示は原則として開封すると無効になる。

(3) エネルギー・たんぱく質・脂質・炭水化物・食塩相当量の表示は健康増進法に基づく表示である。

(4) 添加物と添加物以外の原材料を区分して記載する。

問 38 特定原材料として表示が義務付けられている食品として、正しいものの組み合わせを選びなさい。

ア　そば　　イ　大豆　　ウ　かに　　エ　いか

(1) ア、イ　　　　(2) ア、ウ

(3) イ、エ　　　　(4) ウ、エ

問 39 感染経路の種類に関する記述のうち、誤っているものを選びなさい。

(1) 垂直感染とは、保菌者である母親から病原菌が妊娠、出産、分娩あるいは授乳を通して子どもに感染するものである。

(2) 空気感染とは、保菌者が至近距離でくしゃみやせきなどをして、気管から病原体が直接侵入する感染である。

(3) 媒介動物感染とは、感染した蚊、ノミ、ダニなどに刺される、病原菌が付着したハエやゴキブリなどに接触するなどで感染することである。

(4) 直接感染とは、病原体で汚染された食物や飲料水を摂取しての感染や、汚染器物や血液製剤などを通しての感染である。

調理理論

問40 蒸し物調理の特徴として、誤っているものを選びなさい。

(1) 材料の特徴を失わずに中心部まで加熱するためには、最適な調理法である。

(2) 煮る調理法に比べて煮崩れやうま味成分の流出が少ない。

(3) 加熱中の水分の増減が大きく、煮物と比べて栄養分の損失も大きい。

(4) 蒸し加熱中、自由に味付けすることは難しいので、味付け本位の料理には向かない。

問41 揚げ物調理と特徴として、誤っているものを選びなさい。

(1) 100℃以上で加熱されるので、焼く操作と似ている。

(2) 焼き物に比べ、食品を均一に加熱することが難しい加熱方法である。

(3) 揚げ物の温度は 160 〜 190℃、特に 180℃前後が適温とされる。

(4) 揚げ物の衣は、食材の水分蒸発を防ぐ。

問42 でんぷんの特性に関する記述のうち、誤っているものを選びなさい。

(1) でんぷんは、ブドウ糖が多数鎖状に結合した多糖類である。

(2) でんぷんに水と熱が加えられると膨化し、粘性を持つ。

(3) 汁やソースにとろみをつけるときは、8 〜 10% のでんぷん濃度にするとよい。

(4) ひき肉や魚のすり身などを固めるときに使う。

問43 ペクチンの特性に関する記述のうち、誤っているものを選びなさい。

(1) 植物の細胞壁や細胞膜に含まれている、多糖類の一種である。

(2) 水溶性のペクチンが多いと、果実はかたく未熟な状態にある。

(3) ペクチンは、果物の熟し加減によっても変わるが、一般的にイチゴより温州みかんに多く含まれる。

(4) ペクチン質を多く含む果実の果肉に、糖と酸を加えて加熱するとゲル化する。

問 44 油脂の発煙点に関する記述のうち、正しいものを選びなさい。

(1) ゴマ油の発煙点は、大豆油の発煙点よりも高い。

(2) 繰り返し使用した油の発煙点は、新鮮な油のそれより高い。

(3) 発煙点は精製度の指標となり、精製度の高い油は発煙点が低い。

(4) 発煙点になると、油脂は熱によって酸化・分解される。

問 45 食品中のたんぱく質分解酵素に関する記述のうち、誤っているものを選びなさい。

(1) たんぱく質のペプチド結合を加水分解する酵素は、プロテアーゼという。

(2) ゼラチンにたんぱく質分解酵素の含まれる食品を混ぜると、固まりにくい。

(3) たんぱく質分解酵素は、肉や魚自体にも含まれている。

(4) たんぱく質分解酵素を含む果物にはぶどうやりんごがあり、ワインづくりに大切な役割をしている。

問 46 調味料使用のポイントとして、誤っているものを選びなさい。

(1) いも類、根菜類など加熱軟化速度の遅い食品は、煮汁を多くし、十分に軟化してから調味料を加える。

(2) ジャムは、急速な脱水を防ぐために砂糖を数回に分けて入れる。

(3) すし飯の合わせ酢は、酸味が飛ばないよう冷ました白飯に混ぜる。

(4) 野菜炒めは加熱中の変形や脱水を避けるために調味料は最後に加える。

問 47 ひき肉の料理に関する記述で、誤っているものを選びなさい。

(1) ひき肉は表面積が大きく肉の中でも特に傷みやすい。

(2) ハンバーグなどを作るとき、よくこねたほうが良い。

(3) 加熱中の水分やうま味成分、脂肪等の溶出が多い。

(4) 結着したひき肉の塊は、中心部まで熱が伝わりやすい。

問48 煮魚に関する記述で、正しいものを選びなさい。

(1) 魚の重量は煮汁を吸収して、増加する。

(2) 白身魚の肉質は、繊維が硬くなりほぐれにくくなる。

(3) 白身の魚は、不透明な白色となる。

(4) 脂肪は、魚肉内部で固まり加熱途中には流出しない。

問49 卵類に関する記述のうち、誤っているものを選びなさい。

(1) 卵白は 57 〜 58℃で凝固し始め、65℃では流動性を失い、70℃でやわらかく凝固する。

(2) 「日本標準食品成分表 2020 年度版（8訂)」では、いくらは卵類に分類される。

(3) ピータンは、アヒルの卵などをアルカリ処理することで卵の内容物を凝固させたものである。

(4) スープのあく取りとして、卵白を使用することがある。

問50 ゆで物に関する記述のうち、誤っているものを選びなさい。

(1) わらびをゆでるときは、ゆで汁に 0.2 〜 0.3％の重曹を加えると、繊維がやわらかくなり、色も鮮やかになる。

(2) れんこんやごぼうを酢で煮ると、色が白くなる。

(3) 黒豆を煮るときは古釘を入れると、色が鮮やかになる。

(4) 青菜をゆでるときは、鍋蓋をしたほうが退色しにくい。

問51 アミノカルボニル反応に関する記述のうち、（ A ）（ B ）に入る言葉の組み合わせとして、正しいものを選びなさい。

しょうゆや味噌には、たんぱく質の（ A ）と（ B ）が含まれている。これらを含むものを加熱すると、アミノカルボニル反応により焦げ色がつきやすい。

	A	B
(1)	アミノ酸	脂肪酸
(2)	アミノ酸	糖質
(3)	アルブミン	脂肪酸
(4)	アルブミン	糖質

問52 膨化料理に関する記述で、誤っているもの選びなさい。

(1) イーストによる発酵にはイーストを活性化させるために塩が必要である。

(2) ベーキングパウダーを加えた生地に紫芋を混ぜて蒸しパンを作ると、生地が青緑色に変色することがある。

(3) スフレは、卵の膨化を利用している。

(4) パイはバターとドウの層を重ねたものを焼き、ドウから発生する水蒸気により層を持ち上げて膨化させる。

問53 加熱操作に関する組み合わせとして、正しいものを選びなさい。

	調理操作	加熱法	熱の媒体	熱の伝わり方	加熱の温度（℃）
(1)	ゆでる	湿式加熱	水	対流	$80 \sim 100$
(2)	直火焼き	乾式加熱	空気	対流	$80 \sim 100$
(3)	炒める	湿式加熱	水	伝導	$100 \sim 300$
(4)	揚げる	湿式加熱	油	放射	$160 \sim 200$

問54 厨房設備に関する記述で、誤っているものを選びなさい。

(1) 空調設備とは、作業者の快適な作業のため、また食中毒防止のために、温度、湿度、空気清浄、気流を調節する設備のことをいう。

(2) 便所や更衣室は、利用しやすいように調理場のすぐ近くに設けることが望ましい。

(3) 換気は、燃焼空気の供給、酸欠防止、熱・水蒸気・CO_2・臭気等の除去を目的に行う。

(4) 換気設備には、換気フード、排気ダクト、ファン（換気扇）などがある。

問 55 味の感じ方に関する記述について、誤っているものを選びなさい。

(1) 苦味は味覚閾値が低く、微量でも味を感じやすい。

(2) 甘味は、10℃以下で最も強く感じる。

(3) 酸味は、酸の種類によって、温度差による強弱の感じ方が異なる。

(4) 苦味は、高温域よりも低温域で強く感じる。

問 56 大量調理及び特定給食に関する記述で、正しいものを選びなさい。

(1) 大量調理は、少量の調理に比べ、水分の蒸発量は多い。

(2) 大量調理で和え物は、味がしみ込むのに時間がかかるので、早めに調味料と和える。

(3) カフェテリア方式は、栄養管理もしやすく、対象者の嗜好も満足させやすい。

(4) 単一献立は、栄養管理はしやすいが、多数の好みに沿った料理や味の選択が難しい。

問 57 調理機器に関する記述のうち、誤っているものを選びなさい。

(1) オーブン（天火）は、熱源からの熱と内部に入れた食品から出る水蒸気を利用して、食品を蒸し焼きにする器具である。

(2) スチームコンベクションオーブンは、品質管理が容易であるが、料理毎に調理機能の選択と加熱温度および時間などのマニュアル化が必要である。

(3) 電気抵抗の大きい鍋ほどジュール熱が発生するので、電磁調理器（IH調理器）には、土鍋やガラス鍋などが適している。

(4) 電磁調理器（IH調理器）は、トッププレートの下で発生した磁力線により、鍋底で渦電流が発生して発熱する仕組みとなっている。

食文化概論

問 58 近代（明治・大正・昭和時代）の日本の食文化に関する記述のうち、誤っているものを選びなさい。

(1) 鎖国を解消した日本は、中国の文化を取り入れるのに躍起となった。

(2) バター、ビスケット、キャラメルなどが輸入され、国産化されていく。

(3) 第二次世界大戦中から戦後にかけては食料難となり、砂糖や米などが配給制となったため、人々は飢えから逃れるために、あらゆる工夫を余儀なくされた。

(4) 欧米や中国の料理が和食化した、カツ丼やカレーライス、ラーメンなどが誕生した。

問 59 日本の食文化と料理に関する記述について、誤っているものを選びなさい。

(1) 会席料理……本来俳句の会の集まりで出された酒席向きの料理で、江戸時代に確立された。

(2) 懐石料理……客にお茶を立ててもてなす前に軽い食事を出す場合の料理。

(3) 普茶料理……公家社会の社交儀礼の中で発達した料理。

(4) 本膳料理……武家社会の饗応食として確立、江戸時代後期には簡略化された。

問 60 世界の料理の特徴に関する記述について、誤っているものを選びなさい。

(1) フランス料理において、ワインは食卓酒や料理用として欠かすことができない。

(2) イタリア料理の代表的料理には、ボルシチなどのシチュー類がある。

(3) ドイツ料理には、キャベツの漬物（ザウアークラウト）、塩漬けの豚の足先（アイスバイン）など、保存性の高い料理が多い。

(4) エスニック料理のエスニックとは、「民族の」という意味で、日本では主に東南アジアなどの料理の総称としていわれることが多い。

第2回 調理師試験問題

試験時間 2時間

解答一覧 ——➤ 別冊 P.102 ～ 103

解答と解説 ——➤ 別冊 P.17 ～ 32

（別冊）P.98 ～ 99 の解答用紙をコピーしてお使いください。

公衆衛生学

問 1 感染症の分類に関する記述のうち、正しいものを選びなさい。

(1) 腸管出血性大腸菌感染症は、4類感染症に分類されている。

(2) 就業制限がある感染症には、4類と5類がある。

(3) 感染症法では、1〜5類の5段階と新型インフルエンザ等感染症、指定感染症、新感染症の8つに分類されている。

(4) 腸チフスやコレラは2類感染症に分類され、患者はただちに入院の措置がとられる。

問 2 感染症と病原体の種類の組み合わせとして、誤っているものを選びなさい。

(1) 腸チフス ――――――――――― ウイルス

(2) コレラ ―――――――――――― 細菌

(3) 白癬（水虫） ――――――――― 真菌

(4) マラリア ―――――――――――― 原虫

問 3 人口推計に関する記述のうち、誤っているものを選びなさい。

(1) 老年化指数は、年少人口100人に対する老年人口の割合の動向。

(2) 高齢化率は、65歳以上の老年人口の総人口に対する割合。

(3) 老年人口指数は、100人の生産年齢人口が支える老年人口の割合。

(4) 従属人口指数は、100人の生産年齢人口が支える年少人口の割合。

問 4 生活習慣病に関する記述のうち、誤っているものを選びなさい。

(1) 心疾患の発症危険因子には高LDLコレステロール血症、高血圧、喫煙などがある。

(2) 生活習慣病の一次予防は、早期発見・早期治療である。

(3) 内臓脂肪の蓄積に加え、脂質代謝異常、高血糖、高血圧のうち、2つ以上が該当するものをメタボリックシンドロームという。

(4) 栄養バランスや運動、規則正しい生活などに気をつけることが、糖尿病の予防につながる。

問 5 四大公害病と原因物質の組み合わせとして、誤っているものを選びなさい。

(1) 水俣病――――――――――メチル水銀

(2) イタイイタイ病――――――水酸化ナトリウム

(3) 四日市ぜんそく――――――二酸化硫黄

(4) 新潟水俣病――――――――メチル水銀

問 6 喫煙に関する記述のうち、誤っているものを選びなさい。

(1) WHO（世界保健機関）は、5月31日を世界禁煙デーと定めている。

(2) 日本の喫煙者率は先進諸国に比べて男性、女性とも高い。

(3) 受動喫煙の対策強化を盛り込んだ健康増進法が改正され、2020（令和2）年4月から施行された。

(4) 副流煙と呼出煙を受動喫煙というが、副流煙は主流煙より有害物質が多いといわれる。

問 7 ヘルスプロモーションに関する記述のうち、正しいものを選びなさい。

(1) アルマ・アタ宣言によって提唱された理念である。

(2) 人びとが自らの病気をコントロールし、改善することができるようにする過程である。

(3) 発展途上国を主な対象として提唱された。

(4) 日本でも導入され、「健康日本21（第3次）」などに反映されている。

問8 健康日本 21（第 3 次）における目標のうち、誤っているものを選びなさい。

(1) 40 ～ 69 歳までの 8 種類のがん検診受診率 ————60%

(2) 20 歳以上の者の喫煙率の減少 ————12%

(3) 食塩摂取量 ————————————————10 g 未満

(4) 骨粗しょう症の受診率————————————15%

問9 上下水道に関する記述のうち、正しいものを選びなさい。

(1) 安全な水の確保のため、上水道には、環境基準法によって水道水質基準が定められている。

(2) わが国の水道普及率は、2021（令和 3）年度末で 100％に達している。

(3) 水道は上水道ともいい、事業の担い手は原則として市町村である。

(4) 日本の下水道処理人口普及率は、先進国の中で最も高い。

食品学

問10 食用の植物油脂とその原料となる部分の組み合わせとして、誤っているものを選びなさい。

(1) オリーブオイル ——————— 果実

(2) とうもろこし油 ——————— 胚芽

(3) 綿実油 —————————————— 種子

(4) パーム油 ————————————— 種子

問 11 米に関する記述のうち、正しいものを選びなさい。

(1) 精白米のビタミン B_1 含有量は、玄米よりも多い。

(2) 精白米の搗精の歩留まりは、約 82% である。

(3) 米の胚芽油には、ビタミン E が含まれる。

(4) ビタミン B 群は胚芽とぬか層に少なく、胚乳に多い。

問 12 食品加工に利用する微生物と主な加工食品との組み合わせとして、正しいものを選びなさい。

カビ……………A

酵母……………B

細菌と酵母……C

細菌……………D

	A	B	C	D
(1)	パン	かつお節	納豆	漬物
(2)	かつお節	納豆	パン	漬物
(3)	かつお節	パン	漬物	納豆
(4)	パン	漬物	納豆	かつお節

問 13 果実類に関する記述について、正しいものを選びなさい。

(1) 果実類の酸味成分は酢酸が主体である。

(2) 果実に砂糖を加えて煮ると、液状になる。

(3) 完熟果実類の食物繊維は、不溶性食物繊維として注目される。

(4) 有機酸含有量の少ない果物には、レモン汁かクエン酸を加えないとゼリー化しにくい。

問 14 食品の冷凍に関する記述のうち、正しいものを選びなさい。

(1) 青菜や根菜類などの多くの野菜は、さっとゆでてから冷凍する。これをブレージングという。

(2) 氷の結晶が最も大きく成長する温度帯を、最大氷結晶生成温度帯という。

(3) 冷凍焼けは、冷凍時に食材を密封することによって生じるので、密封しないこと。

(4) 冷凍時の氷の結晶が大きいほど、解凍による食品のダメージは小さく、ドリップも少ない。

問 15 次の文章の（A）（B）（C）に入る語句の組み合わせとして、正しいものを選びなさい。

空気中の酸素の作用による変質を（A）という。
食品中に含まれる酵素で自身を消化することを（B）という。
空気中、その他に存在する有害微生物の作用による変質を（C）という。

	A	B	C
(1)	自己消化	酸化	腐敗・変敗
(2)	酸化	自己消化	腐敗・変敗
(3)	腐敗・変敗	酸化	自己消化
(4)	酸化	腐敗・変敗	自己消化

栄養学

問 16 人体の構成成分に関する記述のうち、誤っているものを選びなさい。

(1) 生体は摂取した物質を材料として、生命維持のために必要な生体成分の合成と分解を繰り返しており、これを代謝と呼ぶ。

(2) 食事の構成成分と人体の構成成分の重量（kg）当たりに含まれる栄養素の割合は、変わらない。

(3) 成人の構成成分のおおよその平均値は、たんぱく質16%、水分50～60%、無機質5%、脂質21%、炭水化物1%である。

(4) 人体は、主に酸素（O）、炭素（C）、水素（H）、窒素（N）の4元素で構成されている。

問17 でんぷんの消化吸収および代謝に関する記述のうち、誤っているものを選びなさい。

(1) 食物のでんぷんは唾液アミラーゼ、膵液アミラーゼにより、麦芽糖に分解される。

(2) 麦芽糖は小腸絨毛表面に局在するマルターゼによって、2分子のブドウ糖に分解される。

(3) ブドウ糖は腸壁から吸収され、血糖として各組織に運ばれ、エネルギーを供給する。

(4) 余剰分の血糖はクエン酸として肝臓や筋肉に蓄えられ、さらなる余剰分はコレステロールとなる。

問18 ライフステージと栄養に関する記述のうち、誤っているものを選びなさい。

(1) 妊娠期には、妊娠高血圧症候群、肥満、糖尿病などになりやすいため、予防するために食塩やエネルギーの過剰摂取を避ける。

(2) 幼児期は、虫歯や生活習慣病を予防するため、間食を控える。

(3) 成人期は、健康を妨げる要因が増え、生活習慣病のリスクが高くなる時期である。

(4) 高齢期は、消化・吸収能力が落ちるため、たんぱく質は量より質を重視する。

問 19 たんぱく質の種類に関する記述のうち、誤っているものを選びなさい。

(1) たんぱく質が熱、酸、アルカリ、酵素などで変化して生じたたんぱく質を複合たんぱく質という。

(2) 複合たんぱく質にはカゼイン、ミオグロビン、ヘモグロビンといったものがある。

(3) アミノ酸だけからなるたんぱく質を単純たんぱく質といい、アルブミン、グルテリン、グロブリンなどがある。

(4) コラーゲンを熱水で抽出し、変化させたものがゼラチンであるが、ゼラチンは誘導たんぱく質の一つである。

問 20 胃の機能に関する記述のうち、誤っているものを選びなさい。

(1) 胃酸とペプシノーゲンの分泌を調整する消化ホルモンに、ガストリンがある。

(2) 胃液のラクターゼは、でんぷんをデキストリンに分解する。

(3) 食後に内容物をかゆ状にして、一時的にためる。

(4) 強酸性の胃酸を分泌し、食品中に含まれてきた細菌を死滅させる。

問 21 ビタミンに関する記述のうち、誤っているものを選びなさい。

(1) ビタミンは化学的性質により、脂溶性ビタミンと水溶性ビタミンに分類される。

(2) 脂溶性ビタミンは体内に蓄積されるので、サプリメントなどを過剰に摂取すると、過剰症を引き起こすことがある。

(3) 体内でほとんど作ることができないので、食品から摂取する必要がある。

(4) 脂溶性ビタミンにはビタミン B_1、ビタミン B_{12}、ビタミン B_6、ナイアシンなどがある。

問 22 糖尿病に関する記述のうち、正しいものを選びなさい。

(1) 1型糖尿病は、遺伝要因に環境要因が重なりあって引き起こされると考えられ、40歳以上に多く発症する。

(2) 2型糖尿病は、若年者に多い糖尿病である。

(3) 糖尿病は、肝臓から分泌されるインスリンの不足によって起こる。

(4) 合併症が怖い病気であり、三大合併症は、神経障害・網膜症・腎症である。

問 23 無機質に関する記述のうち、誤っているものを選びなさい。

(1) ナトリウムは体内にある約55％が細胞外液に存在し、カリウムは98％が細胞内液に存在する。

(2) 体内のカルシウムは、99％が骨と歯に存在し、1％が血液と軟質組織中に存在している。

(3) 鉄の吸収率は低いが、紅茶や緑茶などに含まれるタンニンは吸収を高める。

(4) 鉄は、体内にある約70％が赤血球のヘモグロビンや筋肉中のミオグロビン、30％が肝臓や骨髄、筋肉などの貯蔵鉄としてストックされている。

問 24 病気とその治療食の特徴などについての組み合わせとして、誤っているものを選びなさい。

（病気）　　　　　　（治療食の特徴など）

(1) 糖尿病————総エネルギー量を症状に応じて制限するとともに、バランスのよい栄養をとる。

(2) 骨粗鬆症————カルシウムを十分にとり、適度に日に当たり、よく運動する。

(3) 痛風————動物の内臓など、プリン体を多く含む食品やアルコールを避ける。

(4) 動脈硬化症———たんぱく質を多く含んだ食品をとることを心がけ、植物油を減らし、動物性脂質を増やす。

食品衛生学

問25 化学性食中毒に関する記述のうち、誤っているものを選びなさい。

(1) 変敗に伴い生成される油脂酸化物も原因となる。

(2) ヒスタミンは調理加熱で分解されるので、中心温度85℃以上で1分間以上加熱する。

(3) 日本では、過去にPCB混入（のちにPCBとダイオキシンの複合中毒と判明）によるカネミ油症事件が起こった。

(4) 重金属、農薬、食品添加物なども原因となる。

問26 食品の鮮度判定に関する記述のうち、正しいものを選びなさい。

(1) 魚肉の鮮度を示す揮発性塩基窒素量は、腐敗が進むと低下する。

(2) 肉類は、鮮度が低下するとpHが下がり続ける。

(3) 新鮮な卵は、割ったときに卵黄と卵白が広がる。

(4) 鮮度の低下した牛乳は、加熱すると凝固しやすい。

問27 食品に添加物を使用した場合、物質名の他に用途名を記載する必要がある添加物として誤っているものを選びなさい。

(1) 酸化防止剤

(2) 着色料

(3) 酸味料

(4) 甘味料

問28 経口感染症に関する記述のうち、正しいものを選びなさい。

(1) コレラ菌や赤痢菌などは経口感染症の病原菌であるが、食中毒の病因物質としては扱われない。

(2) 日本で発生する腸チフスやパラチフスは、国外よりも国内での感染が多い。

(3) 調理従事者が感染源となることはない。

(4) 経口感染症の予防対策は、基本的には食中毒の予防対策と同じである。

問 29 容器・器具に関する記述のうち、誤っているものを選びなさい。

(1) ガラス製品、陶磁器、ホウロウ製品には、カドミウムおよび鉛に関する規格基準が定められている。

(2) 容器・器具および包装の安全性は、有害な物質によって食品が汚染されないよう、健康増進法によって確保されている。

(3) 陶磁器にカドミウム、鉛などを含む顔料で絵づけを行った場合、低温（700 ～ 800℃）で焼いたものには溶出のおそれがある。

(4) 鉛やカドミウムは、酸性の液体に溶けやすい特性がある。

問 30 自然毒食中毒成分の組み合わせとして、誤っているものを選びなさい。

(1) イヌサフラン ――――――― コルヒチン

(2) カビ毒 ―――――――――― マイコトキシン

(3) アブラソコムツ ―――――― ワックスエステル

(4) バラムツ ―――――――――― オカダ酸

問 31 ノロウイルスに関する記述のうち、誤っているものを選びなさい。

(1) 食中毒の主症状は吐き気、嘔吐、下痢などの胃腸炎症状である。

(2) 食品の中では増えず、人の腸管内で増える。

(3) このウイルスを取り込んだ二枚貝による感染を防止するためには、調理前に二枚貝を真水で十分に洗浄すると効果的である。

(4) このウイルスに感染した人が、用便後の手洗いが不十分なまま調理すると、その食品を汚染するおそれがある。

問 32 消毒に用いられる次亜塩素酸ナトリウムに関する記述のうち、誤っているものを選びなさい。

(1) 使用時に硫化水素が発生する。

(2) 金属腐食性があるため、金属製品への使用を避けるか、使用後の十分なすすぎを行う。

(3) 温度、光、重金属などの影響を受け、経時的に分解し、含量が低下する。

(4) 器具の殺菌、ふきんの殺菌や漂白、床や排水溝の殺菌などにも使われる。

問 33 衛生管理に関する記述のうち、誤っているものを選びなさい。

(1) 床は、ドライシステムにするのが好ましく、ウェットシステムの場合は、完全に排水できるように適度な勾配をつけ、汚水がたまらないようにする。

(2) 調理場は、湿度 90% 以下、温度 25℃ 以下に保つことが望ましい。

(3) 自然光線を十分取り入れるような構造にし、調理室、給食室の全般的標準照度を 150 ルクス以上に保つ。

(4) 出入り口、窓、その他のところに金網を張り、また、排水口には防そ用のすのこや防虫用の目皿を設け、下水溝にはふたをする。

問 34 細菌の発育に関する記述のうち、正しいものを選びなさい。

(1) 腸炎ビブリオは、塩分のないところでは増殖しにくい。

(2) エルシニアは中温菌のため、30 〜 40℃ が至適発育温度である。

(3) カンピロバクターは芽胞を形成し、加熱、塩分、乾燥にも強い。

(4) ボツリヌス菌は芽胞を形成するが、芽胞は熱に弱い。

問 35 カンピロバクター食中毒に関する記述のうち、正しいものを選びなさい。

(1) 主な症状は腹痛や下痢ではなく、神経麻痺が特徴的である。

(2) 主な原因食品は、魚介類である。

(3) 潜伏期は、2〜4時間である。

(4) カンピロバクター食中毒は、少量の菌（数100個程度）で感染が可能である。

問 36 ヒラメ（養殖）の筋肉中に寄生する粘液胞子虫類として、正しいものを選びなさい。

(1) シュードテラノーバ

(2) クドア・セプテンプンクタータ

(3) トリヒナ（旋毛虫）

(4) サルコシスティス・フェアリー

問 37 HACCP に関する記述のうち、誤っているものを選びなさい。

(1) 1960 年代、米国のアポロ計画で、宇宙食の安全確保のために開発された衛生管理手法である。

(2) HACCP は、Hazard Analysis and Critical Control Point（「危害分析重要管理点」）の略称である。

(3) 最終製品の試験結果を重点的に管理することで、安全性を確保する科学的根拠に基づく衛生管理手法である。

(4) HACCP に沿った衛生管理は、原則としてすべての食品等事業者に義務付けられる。

問38 食品衛生法の目的に関する記述で、（　　）に入る語句の組み合わせとして、正しいものを選びなさい。

この法律は、食品の（　A　）の確保のために（　B　）の見地から必要な規則その他の措置を講ずることにより、飲食に起因する衛生上の危害の発生を防止し、もって国民の（　C　）の保護を図ることを目的とする。

	A	B	C
(1)	安全性	公衆衛生	健康
(2)	利便性	公衆衛生	財産
(3)	安全性	環境衛生	財産
(4)	利便性	環境衛生	健康

問39 食品安全基本法の規定に関する記述のうち、正しいものを選びなさい。

(1) 内閣府に食品安全委員会を置く。
(2) 食育推進基本計画を作成する。
(3) 食品表示基準を策定する。
(4) 飲食店の営業許可をする。

調理理論

問40 茶碗蒸しやカスタードプディングといった卵料理に関する記述のうち、誤っているものを選びなさい。

(1) だしや牛乳などで希釈した茶碗蒸しやカスタードプディングなどの調理では、急速に加熱すると「す」が立ちやすい。
(2) 全卵をだしや牛乳で薄めて加熱すると、濃度が低いほど凝固しやすい。
(3) 一般的に 85 ～ 90℃になるように加熱する。
(4) カスタードプディングでは、砂糖を入れると「すだち」が起こりにくく、なめらかなゲルとなる。

問 41 揚げ物に関する記述のうち、正しいものを選びなさい。

(1) ブライニングした鶏肉のから揚げは水分損失量が多くなり、パサついた仕上がりになる。

(2) 火のとおりにくい食品やでんぷんの糊化を必要とする食品は、最初から高温で揚げるようにする。

(3) フライは、衣のつけ置きや冷凍も可能で、大量調理にも向いている。

(4) 200℃に加熱された油に落とした衣は、鍋底に沈んでなかなか浮き上がらない。

問 42 調味料の浸透速度に関する記述のうち、誤っているものを選びなさい。

(1) 食品内外の濃度差が大きいほうが、調味料は浸透しやすい。

(2) 加熱温度が高いほうが、調味料は浸透しやすい。

(3) 調味料は水に溶けて、食品内に溶けて浸透するが、塩の浸透速度は砂糖より遅い。

(4) 食品の表面積が広いほど、調味料の浸透速度は速い。

問 43 調理器具と主な用途の組み合わせとして、誤っているものを選びなさい。

(1) 摩砕用器具————————おろしがね、ミンチ

(2) 混合・攪拌用器具————————泡立て器、しゃくし

(3) ろ過用器具————————シノワ、すいのう

(4) 圧搾用器具————————ミートテンダライザー、まな板

問44 かつお節に関する記述のうち、誤っているものを選びなさい。

(1) 一般的にかつお節と認識されているものは、カビづけした枯れ節である。

(2) その形状から、本節とかめ節に分かれる。

(3) 本節の背節を雌節、腹側を雄節という。

(4) 雄節からは脂肪分が少なく、よいだしがとれる。

問45 味覚に関する記述のうち、正しいものを選びなさい。

(1) 甘味、酸味、苦味の3つが基本味とされている。

(2) 塩味は高温で強く、温度が下がると弱く感じられる。

(3) 甘味は、30〜40℃で最も強く感じられる。

(4) 味は鼻腔に存在する味蕾細胞を刺激し、大脳に伝わり、認識される。

問46 焼く調理操作に関する記述のうち、誤っているものを選びなさい。

(1) 焼く操作は、直火で加熱する直火焼きと、間接的に加熱をする間接焼きとに分類される。

(2) 直火焼きは、金属板などに熱が伝わり、主に放射熱（輻射熱）により加熱される。

(3) 焼き物は、高温加熱をすることで焼き色がつき、その風味が食欲をそそる。

(4) 食品の表面が凝固するので、うま味や栄養素の損失が少ない。

問47 豆類の調理に関する記述のうち、誤っているものを選びなさい。

(1) 大豆は、一晩水に浸漬して吸水させると、約4倍にまで膨潤する。

(2) 薄い食塩水に浸した大豆は、水に浸したものよりやわらかく煮える。

(3) 小豆の「ゆでこぼし」はサポニンというあくの成分を除く操作である。

(4) 大豆の吸水速度は、小豆より速い。

問 48 調理によるビタミンの損失に関する記述のうち、誤っているものを選びなさい。

(1) ビタミン A は、調理による損失は比較的少ないといえるが、光や酸素に弱いので、調理形態や調理時間によって損失率が高くなることもある。

(2) ビタミン B$_1$ は、水溶性ビタミンなので水へ溶出する。アルカリ性に強いため、大豆を煮るときに重曹を加えて煮ても損失は少ない。

(3) ビタミン C は、水への溶出に加え、空気中の酸素によって酸化しやすく、アルカリ性にも弱い。

(4) にんじん、きゅうりにはアスコルビナーゼというビタミン C を酸化させる酵素が含まれているが、酢を使用することでこの酵素の働きを抑えることができる。

問 49 ドウの膨化とそれを利用した食品の組み合わせとして、正しいものを選びなさい。

(1) イーストのアルコール発酵による、炭酸ガスの膨化————パン、ピザ

(2) 化学膨化剤の発生する炭酸ガスによる膨化———アップルパイ、ミルフィーユ

(3) 卵白や全卵の気泡の膨化————————シュークリーム、エクレア

(4) 生地の加熱による水蒸気圧による膨化————スポンジケーキ、カステラ

問 50 でんぷんに関する記述のうち、誤っているものを選びなさい。

(1) 砂糖の添加は、糊化でんぷんの水分保持に効果があり、老化が抑制される。

(2) ゲル化したでんぷんを低温で放置すると、粘度が低下するが、とうもろこしでんぷんは冷却時粘度も高い。

(3) 油脂を加えると、粘度が上昇する。

(4) ゲル化したでんぷんは、なめらかな口あたりと特有な歯ごたえを与える。

43

糊化でんぷんの特徴に関する組み合わせとして、正しいものを選びなさい。

(1) かたくりでんぷん ——————————— 透明

(2) さつまいもでんぷん ——————————— 不透明

(3) とうもろこしでんぷん ——————————— 透明

(4) キャッサバでんぷん（タピオカ）———————— 不透明

加工米に関する記述のうち、誤っているものを選びなさい。

(1) 発芽米とは、玄米を水に浸けて発芽させたものである。

(2) アルファ米とは、炊飯したり、煮たお米を熱風で急速に乾燥させたりしたもの。

(3) 無洗米とは、普通精米後にぬか除去処理をした米で、洗米を必要としない。

(4) 強化米とは、DHA や EPA といった多価不飽和脂肪酸を添加したもの。

電磁調理器の特徴に関する記述のうち、誤っているものを選びなさい。

(1) ガスや電気の器具に比べ、熱効率が非常によい。

(2) 火加減の調節が容易である。

(3) 使える鍋に制限がなく、土鍋でも使用できる。

(4) 二酸化炭素などを発生しないのでクリーンである。

紅茶の調理特性に関する記述のうち、誤っているものを選びなさい。

(1) 紅茶にレモンを入れると色が薄くなるのは、紅茶に含まれる色素の性質による。

(2) アイスティーを作る場合、氷を入れた容器に注いで急激に冷やすことで、クリームダウンを抑えることができる。

(3) 紅茶は、ぬるま湯で長時間抽出する。

(4) 紅茶の濁りであるクリームダウンは、主に紅茶に含まれるカフェインとタンニンの結びつきによる。

問 55 小麦粉に関する記述のうち、誤っているものを選びなさい。

(1) バッターは小麦粉に水分を加えた生地で、スポンジケーキやクレープ生地など、ドロドロした流動性がある。

(2) グルテン含量の多い強力粉は、パンやマカロニに適している。

(3) ビーフンやフォーは、主に中力粉を用いて作られる。

(4) アルカリ（かん水）の添加は伸展性を増し、黄色になる。

問 56 炒め調理に用いる油の適量（重量）に関する記述のうち、誤っているものを選びなさい。

(1) もやしとキャベツの野菜炒めには、材料の3％の油を使う。

(2) ルーの場合は、小麦粉の5～10％の油を使う。

(3) ステーキの場合は、肉の5～7％の油を使う。

(4) チャーハンの場合は、飯の7～10％の油を使う。

問 57 食物と香りに関する記述のうち、誤っているものを選びなさい。

(1) 魚の生臭みの主成分は、トリプシンである。

(2) かんきつ類の香りの成分は、リモネンである。

(3) まつたけの香りの主成分は、桂皮酸メチルである。

(4) 飯の焦げの香り成分は、メラノイジンである。

第2回

食文化概論

問 58 世界の食事様式に関する記述のうち、誤っているものを選びなさい。

(1) 手食、箸食、ナイフ・フォーク・スプーン食があり、これを三大食法という。

(2) イスラム教圏やヒンズー教圏では、食事に使うのは左手で、右手は不浄なものとされている。

(3) 箸食の文化地域は、日本、中国、朝鮮半島、台湾などである。

(4) ナイフ・フォーク・スプーン食文化圏はヨーロッパ、ロシア、北アメリカ、南アメリカなどである。

問 59 都道府県と郷土料理の組み合わせとして、正しいものを選びなさい。

(1) 青森県———ほうとう

(2) 石川県———柿の葉ずし

(3) 岡山県———皿鉢（さわち）料理

(4) 大分県———だんご汁

問 60 西洋料理の食文化に関する記述のうち、誤っているものを選びなさい。

(1) 西洋料理とは、欧米各国の料理を総称したもので、19世紀に集大成されたイタリア料理が中心になる。

(2) 1533年に、イタリアのメディチ家のカトリーヌ姫が、優れた料理人を伴ってフランスのオルレアン公に嫁ぐ。このときにナイフ、フォーク、ナプキンなどをフランスに持ち込み、美味を追求する宮廷料理が確立し始める。

(3) 1970年代になると、新しい料理の方向を模索するヌーベル・キュイジーヌの動きが活発になる。

(4) 1789年にフランス革命が起こり、それまでの宮廷料理は庶民料理に変化し、フランス料理の黄金時代を迎える。

第3回 調理師 試験問題

試験時間 2時間

解答一覧 ⟶ 別冊 P.104 〜 105

解答と解説 ⟶ 別冊 P.33 〜 48

（別冊）P.98 〜 99 の解答用紙をコピーしてお使いください。

公衆衛生学

問 1 次の記述のうち、正しいものを選びなさい。

(1) 体重 3000g 未満で生まれた新生児は「低出生体重児」として届け出ることになっている。

(2) 内臓脂肪型肥満の定義は男性で腹囲 90cm 以上、女性は 85cm 以上である。

(3) 2019（令和元）年の国民健康・栄養調査では、習慣的に喫煙している者の割合は 16.7％であり、男女別には男性 27.1％、女性 7.6％である。

(4) わが国は塩分摂取量が少ないにもかかわらず、脳血管疾患、心疾患とも欧米諸国よりも多い傾向にある。

＊新型コロナウイルス感染症の影響により、2020 ～ 2021（令和 2 ～ 3）年は国民健康・栄養調査が中止されたため、2019（令和元）年の調査結果をもとに問題を作成しています。

問 2 衛生害虫とそれに媒介される疾病の組み合わせとして、正しいものを選びなさい。

(1) シラミ ―――――――――デング熱

(2) ハエ――――――――――ジカ熱

(3) 蚊 ―――――――――――日本脳炎

(4) ノミ ――――――――――つつが虫病

問 3 介護保険制度に関する記述のうち、誤っているものを選びなさい。

(1) 介護施設入所者の食費・居住費は、介護保険給付の対象とならない。

(2) 第 1 号被保険者は 65 歳以上の者、第 2 号被保険者は 40 ～ 64 歳の者である。

(3) 要介護度は、介護サービスの必要量の指標であり、要支援 1 ～ 5 および要介護 1 ～ 2 に区分される。

(4) 介護保険から給付を受けるためには、市区町村の窓口へ要介護認定の申請を行う。

問 4

生活環境における気温と湿度に関する記述のうち、正しいものを選びなさい。

(1) 冬季に人が最も快適と感じる気温は、25 ～ 30℃ である。

(2) 人が最も快適と感じる湿度は、0 ～ 10％である。

(3) 不快指数とは、気温と湿度によって感じる蒸し暑さの指標である。

(4) ほとんどの人が不快に感じる不快指数は、50 以下である。

問 5

国民健康・栄養調査結果〔2019（令和元）年〕のうち、誤っているものを選びなさい。

(1) 野菜の摂取量は、男女とも 20 ～ 40 歳代で多く、60 歳以上で少ない。

(2) 肥満者（BMI ≧ 25kg/m²）の割合は 20 歳以上の男性では 33.0％であり、2013（平成 25）年から 2019（令和元）年の間に有意に増加している。

(3) 65 歳以上の高齢者の低栄養傾向の者（BMI ≦ 20kg/m²）の割合は男性 12.4％、女性 20.7％である。

(4) 食塩摂取量の男女平均値（20 歳以上）は 10.1g であり、ここ 10 年間で見ると、男性では有意に減少している。

＊新型コロナウイルス感染症の影響により、2020 ～ 2021（令和 2 ～ 3）年は国民健康・栄養調査が中止されたため、2019（令和元）年の調査結果をもとに問題を作成しています。

問 6

生活習慣病に関する記述のうち、誤っているものを選びなさい。

(1) 日本人の約 30％は、生活習慣病が原因で亡くなっているといわれる。

(2) 高血圧症は、脳血管疾患や心疾患の大きな要因となり、有病率が一番高い疾患である。

(3) 糖尿病は、血糖値の高い状態が続く代謝異常疾患で、血糖値とヘモグロビン・エーワンシー（HbA1c）値などの検査をもとに総合的に判断される。

(4) 糖尿病の合併症である糖尿病性腎症が増えている。

第3回

問 7 学校保健に関する記述のうち、誤っているものを選びなさい。

(1) 学校保健安全法では、学校に学校医を置くものと規定されている。

(2) 感染症予防のための臨時休業は学校の設置者が行う。

(3) 校長は感染症に罹患した児童・学童の出席を停止できる。

(4) 2021（令和3）年度の学校保健統計調査による小学生被患率第1位は、裸眼視力1.0未満の者である。

問 8 労働衛生に関する記述のうち、誤っているものを選びなさい。

(1) 法律として労働基準法と労働安全衛生法の2つがあり、作業環境管理、作業管理、健康管理の3つの基本対策が行われる。

(2) 職業に特有な環境条件、作業方法によって引き起こされる疾患を職業病という。

(3) 職場の健康づくりにおいては、労働者のメンタルヘルスも重要視されている。

(4) 労働安全衛生法に基づき、事業者は希望する労働者に対して、一般健康診断を実施することになっている。

問 9 わが国の食料に関する記述のうち、誤っているものを選びなさい。

(1) 2022（令和4）年度のカロリーベース食料自給率は38％となっている。

(2) 2022（令和4）年度の品目別自給率（重量ベース）は、小麦50％、米70％となっている。

(3) 食品ロスについて、2021（令和3）年度は約523万トンになっている。

(4) 事業系の食品ロスは家庭系の食品ロスより多い。

食品学

問 10 豚肉の部位とその特徴の組み合わせとして、正しいものを選びなさい。

(1) 肩 ──────── 肉のきめが細かくやわらかい部位で、適度な脂肪が特徴。

(2) ヒレ ──────── よく運動する部位なので、肉のきめが粗く、少しかためで赤身が多い。

(3) ロース ──────── 肉量が少なく、きめ細かくやわらかい部位で、脂肪分が少なくビタミン B_1 が豊富。

(4) バラ ──────── 三枚肉とも呼ばれ、赤身と脂肪が層になっており、骨付きはスペアリブと呼ばれる。

問 11 食品の特徴と性質に関する記述のうち、誤っているものを選びなさい。

(1) 畜肉類は、と殺直後に一時的にかたくなる（死後硬直）が、日時が過ぎると自己消化（解硬）によりやわらかくなると同時にうま味が増す。

(2) 魚の脂質は、背肉や皮に近い表層部よりも内部側の肉のほうに多く含まれる。

(3) 酒類とは、アルコールを 1%以上含む嗜好飲料をさす。

(4) 藻類は、一般にペクチンを含んでおり、砂糖とともに煮るとゼリー状に固まる性質があり、水溶性食物繊維として注目されている。

問 12 牛乳に関する記述のうち、正しいものを選びなさい。

(1) 乳清たんぱく質は、キモシン（レンネット）によって凝固沈殿する。

(2) 脂質の大部分は、カゼインと結合して存在する。

(3) 脂肪球を細かくする工程を施したものを「均質牛乳（ホモ牛乳）」という。

(4) 成分調整牛乳は、乳成分をコントロールしたものであるが、無脂乳固形分を含んではいけない。

問 13 野菜類とその食用部分類の組み合わせとして、正しいものを選びなさい。

(1) 茎菜類――――れんこん、かぶ、にんじん

(2) 花菜類――――きゅうり、トマト、なす

(3) 葉菜類――――ほうれん草、小松菜、しゅんぎく

(4) 果菜類――――みょうが、カリフラワー、ブロッコリー

問 14 豆腐に関する記述のうち、正しいものを選びなさい。

(1) 凝固剤として使われている「にがり」の主成分は、硫酸カルシウムである。

(2) 木綿豆腐は、濃い豆乳に凝固剤を加え、型箱の中でそのまま固めたものである。

(3) 絹ごし豆腐は、型箱に布を敷き、凝固剤を加えた豆乳を入れ、圧縮して固めたものである。

(4) 充填豆腐は、濃い豆乳に凝固剤を加え、容器に入れて密封後、加熱凝固させたものである。

問 15 鳥獣肉類に関する記述のうち、正しいものを選びなさい。

(1) 必須アミノ酸が少なく、特にリシンやトリプトファンが少なくバランスが悪い。

(2) マリネ処理をすると、肉の pH が低下し、コラーゲンがゼラチン化するためにやわらかくなる。

(3) 鶏肉は他の肉と比べて筋繊維が細かく、脂質が少なめで消化がよい。

(4) 肉の加工品であるハムは豚のバラ肉、ベーコンは豚のもも肉を用いて作られる。

栄養学

問 16　栄養素に関する記述のうち、正しいものを選びなさい。

(1) 五大栄養素とは、たんぱく質、脂質、炭水化物（糖質）、食物繊維、ビタミンの５種をいう。

(2) 人体を構成する成分で最も多いのは、骨を形成しているカルシウムである。

(3) 炭水化物は、エネルギー源として重要なものであり、１gで９kcalのエネルギーを持ち、熱や働く力のもとになる。

(4) 人体に含まれる水分は、成人では体重の約60％を占め、体温調節や栄養素の運搬などの機能を有している。

問 17　栄養素に関する記述のうち、誤っているものを選びなさい。

(1) 炭水化物には、大別してブドウ糖などの単糖類やショ糖などの二糖類、でんぷんなどの多糖類がある。

(2) たんぱく質は、多くのアミノ酸が結合したもので、人体を構成するアミノ酸は20種類である。

(3) 脂肪酸を構成する炭素数によって、オメガ３系脂肪酸、オメガ６系脂肪酸に分類される。

(4) たんぱく質は、筋肉、血液、内臓、脳、爪、酵素、ペプチドホルモンなどの主成分である。

問 18　６つの基礎食品群に関する記述のうち、誤っているものを選びなさい。

(1) 第１群は魚、肉、卵、大豆など、良質なたんぱく質の供給源である。

(2) 緑や黄の濃い野菜は第３群に属し、主としてカロテンの供給源である。

(3) 第６群は米、パン、めん、いも類など、炭水化物性エネルギー源となる食品である。

(4) 第２群は牛乳・乳製品、骨ごと食べられる魚などで、カルシウムの供給源として優れており、たんぱく質、ビタミンB_2の供給源ともなる。

高齢期の栄養と運動に関する記述のうち、誤っているものを選びなさい。

(1) ロコモティブシンドロームなど運動不足による筋力の低下が問題となっている。

(2) カルシウム、鉄が不足しやすいので、乳製品やしらす干し、レバー、緑黄色野菜などを十分に摂取するとよい。

(3) 脂質は肥満防止のため減らす必要があり、脂質エネルギー比を10%程度にする。

(4) 口渇感が鈍くなり、脱水症状を起こしやすいため、水分を十分に補給する必要がある。

病態と栄養に関する記述のうち、誤っているものを選びなさい。

(1) 肥満とは、体脂肪が過剰に蓄積した状態であり、生活習慣病の原因となる。

(2) 血液中のLDLコレステロールやトリグリセリド（中性脂肪）が異常に増加した状態を、脂質異常症という。

(3) 糖尿病の食事療法では、食物繊維の多い野菜類の摂取は制限する。

(4) 急性胃炎の場合は、胃酸分泌を促進するアルコール、コーヒー、紅茶などの刺激物を避ける。

体格指数（BMI）に関する記述のうち、誤っているものを選びなさい。

(1) 日本人の食事摂取基準（2020年版）では、エネルギーについて、健康の保持・増進、生活習慣病の予防の観点からBMIを採用している。

(2) 2019（令和元）年の国民健康・栄養調査の結果、BMI ≧ 25の男性の割合は33.0％であり、2013（平成25）年から2019（令和元）年の間に有意に増加している。

(3) BMI とは身長と体重から計算される指数で、BMI の値が 22 のとき、健康障害の危険性が最も低い。

(4) BMI は肥満ややせの判定に用いられるが、現在の身長（m）÷ 体重（kg)^{2}で求められる。

＊新型コロナウイルス感染症の影響により、2020 〜 2021（令和 2 〜 3）年は国民健康・栄養調査が中止されたため、2019（令和元）年の調査結果をもとに問題を作成しています。

問 22 栄養素に関する組み合わせとして、誤っているものを選びなさい。

(1) 炭水化物（糖質）── 適正摂取は、総エネルギーの 50 ％以上 65 ％未満とされる。

(2) たんぱく質──── 不足すると発育不良、活力低下、貧血などを起こす。

(3) ビタミン───── 体内機能の調節素としての働きがあるので、多量に摂取する必要がある。

(4) 無機質────── 体液の浸透圧の調節、筋肉収縮、神経伝達などさまざまな働きを持つ。

問 23 摂食の調節に関する記述のうち、正しいものを選びなさい。

(1) 摂食行動は、胃に存在する中枢で調節されている。

(2) 胃の膨満感は、食欲を亢進させる。

(3) 強いストレスは、食欲を低下させる。

(4) 血糖値の上昇は、食欲を亢進させる。

問 24 血糖とその調節に関する記述のうち、正しいものを選びなさい。

(1) 血糖値は、血液中のガラクトース濃度である。

(2) 血糖値は、健常者では食後約 3 時間で最高値になる。

(3) 血糖は、脳ではエネルギー源にはならない。

(4) 血糖値が上昇すると、膵臓のランゲルハンス島からインスリンが分泌される。

食品衛生学

問 25 食品の保存に関する記述のうち、正しいものを選びなさい。

(1) 塩漬け法は、塩の添加により結合水の比率を増加させる方法である。

(2) 酢漬け法は、pH を上昇させて微生物の増殖を抑える方法である。

(3) 乾燥法は、食品中の自由水の割合を増加させる方法である。

(4) 氷温貯蔵は、食品中の水を凍結させて保管する方法である。

問 26 合成樹脂製の器具・容器包装に関する記述のうち、誤っているものを選びなさい。

(1) フェノール樹脂は、弁当箱や漆器の素材地に用いられる。

(2) メラミン樹脂は、食器や箸に用いられる。

(3) ポリカーボネートは、金属缶の内面塗装に用いられている。

(4) ポリエチレンテレフタレートは、飲料ボトルに用いられている。

問 27 食品添加物とその用途の組み合わせとして、正しいものを選びなさい。

(1) ソルビン酸カリウム ―――― 殺菌

(2) 亜硫酸ナトリウム ―――― 発色

(3) L - アスコルビン酸 ―――― 着色

(4) アスパルテーム ―――――― 甘味

問 28 次の記述のうち、（A）（B）（C）の中に入る語句の組み合わせとして、正しいものを選びなさい。

消費期限とは、洋生菓子や（A）などの食品に表示され、（B）に従った場合、腐敗・変敗して安全性を欠くおそれがないと認められる期限で、おおむね（C）程度で品質が急激に劣化する食品に表示される。

	A	B	C
(1)	スナック菓子	保存方法	10 日
(2)	弁当	賞味方法	10 日
(3)	スナック菓子	賞味方法	5 日
(4)	弁当	保存方法	5 日

問 29 食中毒の発生状況に関する記述のうち、正しいものを選びなさい。

(1) 2022（令和4）年で事件数の最も多い食中毒の原因物質は、ノロウイルスである。

(2) 2022（令和4）年で最も多い原因施設（事件数）は、旅館である。

(3) 自然毒食中毒は、夏季（6〜9月）に多く発生する傾向にある。

(4) 化学性食中毒は、季節とは関係なく発生する。

問 30 大量調理施設衛生管理マニュアルに関する記述のうち、誤っているものを選びなさい。

(1) 下処理は汚染作業区域で確実に行い、非汚染作業区域を汚染しないようにする。

(2) 同一メニューを1回100食以上、または1日150食以上を提供する調理施設に適用する。

(3) 加熱調理食品で、二枚貝などのノロウイルス汚染のおそれのある食品の場合は、中心部温度が85〜90℃で90秒間以上、またはこれと同等以上に加熱されていることを確認し、温度と時間の記録を行う。

(4) 調理後の食品は、調理終了後から2時間以内に喫食することが望ましい。

第 3 回

ウェルシュ菌食中毒に関する記述のうち、誤っているものを選びなさい。

⑴ 菌の特徴として、人の腸管内に常在する嫌気性の芽胞形成菌である。

⑵ 煮物、カレー、シチュー、そうめんつゆなど、前日調理したものを食べることで発生することが多い。

⑶ 主な症状としては下痢、腹痛で、潜伏期間は 6 ～ 18 時間で、平均 10 時間。

⑷ 予防法としては、大量調理する場合は食品をかき混ぜないようにし、ゆっくりと冷却することが必要である。

黄色ブドウ球菌食中毒に関する記述のうち、誤っているものを選びなさい。

⑴ 原因菌である黄色ブドウ球菌は、毒素型食中毒の代表的なものである。

⑵ 黄色ブドウ球菌は、人の鼻腔内や特に化膿巣には濃厚に存在し、卵焼き、サラダ、弁当類などが原因食品となることが多い。

⑶ 潜伏期間は 30 分～ 6 時間と短い。症状は、吐き気、嘔吐が激しく、腹痛、下痢も見られるが、発熱はほとんどない。

⑷ 黄色ブドウ球菌は熱に対して強く、煮沸しても死滅しない。

ボツリヌス菌食中毒に関する記述のうち、誤っているものを選びなさい。

⑴ 酸素のないところでは発育できない、好気性菌である。

⑵ 食中毒の典型である腹痛や下痢などではなく神経麻痺で、重症になると呼吸困難から死亡することもある。

⑶ 乳児ボツリヌス症の予防のため、はちみつは満 1 歳まで使用しないことが示されている。

⑷ 食品内毒素型で比較的まれだが、日本では「からしれんこん」や「いずし」により発生している。

問 34 調理場の構造に関する記述のうち、誤っているものを選びなさい。

(1) 床面はできるだけドライシステムが望ましい。

(2) 湿度は 80％以下、温度は 25℃以下に保つことが望ましい。

(3) 全般的標準照度は、150 ルクス（lx）以上に保つ。

(4) 作業動線は、長いほうが能率的に作業を行える。

問 35 食材の保存・保管に関する記述のうち、正しいものを選びなさい。

(1) 冷凍するものは、−10℃以下で保存する。

(2) 食肉類は、15℃以下で保存する。

(3) しょうが、さつまいもは 5℃以下で保存する。

(4) 鶏の液卵は、8℃以下（冷凍したものは−15℃以下）で保存する。

問 36 器具類の消毒・殺菌に関する組み合わせとして、誤っているものを選びなさい。

(1) 包丁――――――40℃程度の微温水

(2) まな板――――――紫外線照射

(3) ふきん――――――沸騰水に入れ 5 分間以上煮沸

(4) 調理台――――――アルコール噴霧

問 37 食品衛生法に関する記述のうち、正しいものを選びなさい。

(1) 食品衛生法で定める食品とは、医薬品・医薬部外品を含むすべての飲食物と規定している。

(2) 飲食店や食品製造業の営業許可業種を営む場合、厚生労働大臣の許可を受けなければならない。

(3) 飲食店を営業する場合、施設ごとに食品衛生管理者を置き、衛生管理を行わせる。

(4) 営業者が食品衛生法に違反した場合や食中毒を起こした場合、営業の禁止、停止などを命じられることがある。

第
3
回

問 38 **食品安全委員会に関する記述のうち、誤っているものを選びなさい。**

(1) 食品衛生に関するリスク管理を行う。

(2) 食品の健康影響評価を行う。

(3) リスクコミュニケーションを行う。

(4) 緊急の事態への対応を行う。

問 39 **細菌性食中毒分類方法の組み合わせとして、誤っているものを選びなさい。**

(1) 黄色ブドウ球菌 —————— 食品内毒素型食中毒

(2) ウェルシュ菌 —————— 感染毒素型食中毒

(3) サルモネラ属菌 —————— 感染侵入型食中毒

(4) セレウス菌（嘔吐型）—————— 感染侵入型食中毒

調理理論

問 40 **調理の塩濃度基準の組み合わせとして、誤っているものを選びなさい。**

(1) 和え物・酢の物 —————— 1.2 ～ 1.5%

(2) 野菜の煮物 —————— 1.5 ～ 2.0%

(3) 吸い物・スープ —————— 2.0 ～ 3.0%

(4) ソース類 —————— 1.2 ～ 1.5%

問 41 **エマルションの型と食品の組み合わせとして、正しいものを選びなさい。**

(1) 水中油滴型（O/W 型）—————— バター

(2) 水中油滴型（O/W 型）—————— ショートニング

(3) 油中水滴型（W/O 型）—————— マーガリン

(4) 油中水滴型（W/O 型）—————— マヨネーズ

問 42 調理と香りに関する記述のうち、正しいものを選びなさい。

(1) 液体中の香気成分は、なるべく揺らさないほうが香りやすくなるので、ワイン、清酒はグラスにそそいだら静かに香りをかぐ。

(2) さばの味噌煮やムニエルには、味噌や牛乳が使われる。これらは、たんぱく質をやわらかくする効果はあるが、生臭みをとる効果はない。

(3) のり、まつたけは低温で時間をかけて加熱したほうが香りは高まる。

(4) 味噌、しょうゆの味付けでは、長く加熱しないほうが香りは残る。

問 43 ゼリー状食品と凝固剤の組み合わせとして、正しいものを選びなさい。

(1) AとB　　(2) BとC　　(3) CとD　　(4) AとD

A　卵豆腐 ——————寒天

B　ごま豆腐 ——————くずでんぷん

C　コーヒーゼリー ———ゼラチン

D　ブラマンジェ ———ペクチン

問 44 真空調理法の特徴に関する記述のうち、誤っているものを選びなさい。

(1) 素材の風味やうま味が逃げず、ビタミンの破壊が少ない。

(2) 食材を調味料と一緒に専用の袋に詰め真空包装し、58 〜 95℃程度で一定時間加熱する。

(3) 比較的低温で加熱するため、肉料理はかたい仕上がりになることが多い。

(4) 給食での活用においては、衛生管理の面から再加熱は食材の中心温度75℃以上で1分間以上（二枚貝などのノロウイルス汚染のおそれのある食品は除く）とする。

第3回

穀類、いも類の調理に関する記述のうち、正しいものを選びなさい。

(1) 小麦粉に水を加えて撹拌していると、小麦のたんぱく質が水を吸収して分子がからみ合い、グルテンという弾力のあるかたまりを形成する。

(2) 洗米のはじめの1～2回は、たっぷりの水を加え、米粒表面のぬかが離れるよう、時間をかけて十分に洗う。

(3) でんぷんを主成分とした穀類の加熱調理の主目的は、でんぷんの酸化にある。

(4) 電子レンジで急速に加熱したさつまいもは、アミラーゼが十分に働き、でんぷんが分解して糖に変わるため、ゆっくり焼いた普通の焼きいもより甘味が強い。

煮物調理に関する記述のうち、正しいものを選びなさい。

(1) 炒め煮は、材料を油通ししてから煮汁と削り節を加えて煮る。

(2) 煎り煮は、加熱しながら水分を飛ばしていく煮方である。

(3) 土佐煮は、魚介類や白色野菜を用いて、色をつけずに煮上げる。

(4) 調味料は、浸透しにくい調味料を後に加え、香りを生かす場合は先に加える。

脂質の調理における成分変化に関する記述のうち、誤っているものを選びなさい。

(1) 脂身を冷たいままで食卓に出す料理には牛の霜降り肉が向き、豚肉は熱い料理に向く。

(2) 油脂は酸化により異臭を発し、風味も悪くなる。

(3) 油脂は重合により粘りが出て、揚げ油などに持続性の細かい泡立ちが起こる。

(4) 油脂が劣化して食用にならなくなる現象を変敗という。

問 48 でんぷんに関する記述のうち、正しいものを選びなさい。

(1) 生のでんぷんに水を加えて温度を上げていき、60 〜 65℃以上の温度が続くと粘りが出て、やがて全体が糊状になる。この現象をでんぷんの糊化という。

(2) 生のでんぷんを α−でんぷん、糊化したでんぷんを β−でんぷんという。

(3) 調理で変化する炭水化物は食物繊維で、でんぷんの変化はほとんど見られない。

(4) 老化を防ぐには、糊化が終わった直後に急速に乾燥させて、水分を50%以下に引き下げておくとよい。

問 49 調理法と主な熱の伝わり方の組み合わせとして、誤っているものを選びなさい。

(1) ゆでる、煮る ――――――対流熱

(2) オーブン焼き ――――――伝導熱、放射熱（輻射熱）

(3) 炒める ―――――――――凝縮熱

(4) 直火焼き ――――――――放射熱（輻射熱）

問 50 食べ物・飲み物の好まれる温度の組み合わせとして、誤っているものを選びなさい。

(1) 味噌汁・ポタージュ―――― 60 〜 68℃

(2) 茶・コーヒー・紅茶―――― 65 〜 73℃

(3) ご飯―――――――――― 30 〜 35℃

(4) 水・冷茶―――――――― 8 〜 12℃

問 51 包丁に関する記述のうち、誤っているものを選びなさい。

(1) 魚の骨などかたい材料は、厚みがあり刃先の強い包丁を使い、衝撃力で切る。

(2) 両刃の包丁は両側に力が加わるので、組織のかたいものを両切りや輪切りにするのによい。

(3) 刺身のようにやわらかいものを切るときは、厚み、刃先とも薄い包丁で、食品と刃との摩擦を大きくして切る。

(4) やわらかいものは引き切り、かたいものは押し切りにする。

問 52 落とし蓋の効用に関する記述のうち、正しいものを選びなさい。

(1) あくを抜く。

(2) 煮汁を蒸発させる。

(3) 材料を均一に調味できる。

(4) 空気に触れさせて材料の色を変える。

問 53 食肉類の熟成に関する記述のうち、誤っているものを選びなさい。

(1) 筋肉中の酵素の作用により自己消化が進み、肉のうま味が増す。

(2) 市販されている肉は0～5℃くらいの低温で熟成されている。

(3) 熟成期間は牛肉で7～8時間である。

(4) 熟成により、イノシン酸の生成が起こる。

問 54 ソースに関する記述の組み合わせのうち、正しいものを選びなさい。

(1) デミグラスソース──ベシャメルソースに裏ごししたトマトとバターを加えたソース。

(2) モルネソース────牛乳で作った白いソースで、フランス料理の基本的なソース。

(3) ガーリックソース──にんにくをオリーブオイルでゆっくり加熱し、ガーリックの香りを移したソース。

(4) オーロラソース―――マヨネーズソースに、みじん切りにしたタマネギやピクルスなどの材料を混ぜ込んだソース。

問 55 刺身の記述のうち、誤っているものを選びなさい。

(1) 魚の柵取りとは三枚におろした魚の身の高さや形を整え、刺身を作りやすいようにすること。

(2) 皮にうま味があるが、そのままではかたくて食べにくいものは、皮に加熱する（皮霜作り）。

(3) 身がやわらかい赤身の魚は厚く切り、身がかたい白身の魚は薄く切る。

(4) 刺身の作り方で一般的な平作りは同じ高さ、同じ厚さが基本となり、身の薄い魚に用いる。

問 56 冷凍食品の使用方法に関する記述のうち、誤っているものを選びなさい。

(1) 刺身のように生食する冷凍魚介類は、なるべく低温で時間をかけて解凍する。

(2) 衣をつけたフライ製品は、十分に解凍させたのち揚げる。

(3) 野菜類は凍結状態のまま加熱して、解凍と調理を同時に行う。

(4) 解凍後は低温に保つことが望ましく、できる限り短時間で調理する。

問 57 大量調理に関する記述のうち、誤っているものを選びなさい。

(1) 汁物の大量調理の場合、でき上がり容量を一定にするため、具の量による容量の増加と加熱中の蒸発を考慮する。

(2) 特定給食で魚介類を出す場合、食べやすいように完全に加熱せず、やわらかい半生状態を心がける。

(3) 焼き物の大量調理の場合、食品の表面と内部との温度差が大きいので、火加減など温度管理に注意する。

(4) 炒め物の大量調理の場合、材料の切り方、食品の量、水分などに注意し、強火で短時間で加熱することが大切である。

食文化概論

問 58 次の記述のうち、誤っているものを選びなさい。

(1) 献立という言葉は、室町時代に武家社会の礼法であった式正料理に由来する。

(2) 天ぷら、カステラは、南蛮料理として安土桃山時代に日本に入ってきた。

(3) 人見必大は、江戸時代に『養生訓』を書き、食生活上の注意を説いた。

(4) 安土桃山時代には、茶事の際、茶の前に供する食事として、懐石（後の茶懐石）料理が生まれた。

問 59 わが国の食料自給率や食品の摂取量に関する記述のうち、正しいものを選びなさい。

(1) 鶏卵の自給率は100％に近いが、養鶏飼料の大部分は輸入に頼っている。

(2) 米の摂取量は、1960（昭和35）年を境に増加を続けている。

(3) 米、豆類を除くほとんどの食品は、輸入に頼っている。

(4) 油脂類や動物性食品、特に肉類、牛乳・乳製品の摂取量の減少が著しい。

問 60 精進料理に関する記述のうち、誤っているものを選びなさい。

(1) 仏教の教えに由来した、動物性食品を使わない食事である。

(2) 江戸時代中頃に確立された。

(3) にんにくやねぎなどの薬味も禁じられている。

(4) たんぱく質源に大豆製品や種実類を多用する。

第4回 調理師試験問題

試験時間 2時間

解答一覧 ——→ 別冊 P.106 〜 107

解答と解説 ——→ 別冊 P.49 〜 64

（別冊）P.98 〜 99 の解答用紙をコピーしてお使いください。

公衆衛生学

問 1 次の文章の（ア）（イ）に入る語句の組み合わせとして、正しいものを選びなさい。

WHO（世界保健機関）憲章では、健康の定義を「単に疾病や虚弱ではないということではなく、肉体的、（　ア　）および（　イ　）に完全に良好な状態である。」としている。

	ア	イ
(1)	文化的	社会的
(2)	文化的	経済的
(3)	精神的	社会的
(4)	精神的	経済的

問 2 職業病の原因と病名の組み合わせとして、誤っているものを選びなさい。

(1) 寒冷作業――――――凍傷

(2) 過重な筋肉労働―――脊椎・関節障害

(3) 高温作業――――――熱中症

(4) 立位作業――――――VDT障害

問 3 調理師法の目的（第1条）に関する記述について、（　　　）に入る語句の組み合わせとして、正しいものを選びなさい。

この法律は、調理師の（　A　）などを定めて、調理の業務に従事する者の資質を向上させることにより、（　B　）の合理的な発達を図り、もって国民の（　C　）の向上に資することを目的とする。

	A	B	C
(1)	責務	調理技術	健康
(2)	責務	調理理論	食生活
(3)	資格	調理技術	食生活
(4)	資格	調理理論	健康

問4 調理技術の審査に関する記述のうち、誤っているものを選びなさい。

(1) 調理技術の審査は、学科試験および実技試験によって行う。実技試験は、日本料理、西洋料理、中国料理、麺料理、すし料理、給食用特殊料理の中から1科目選択して受験することができる。

(2) 試験に合格すると、受験した試験科目の専門調理師・調理技能士の称号を記載した認定証書が、都道府県知事から与えられる。

(3) 1982（昭和57）年から、職業能力開発促進法に基づく調理に関わる技能検定制度を含めた調理技術技能評価試験として行われている。

(4) 料理区分別学科試験の試験科目は、①調理一般、②調理法、③材料、などである。

問5 次の感染症に関する記述のうち、誤っているものを選びなさい。

(1) 患者や保菌者の糞便中に排出された病原体が、手指などを介して食品を汚染し、その食品を食べた人の体内に侵入する感染方法を経口感染という。

(2) 健康保菌者は体の中に病原体を持っており、無自覚にそれを排出していることがあるので、危険な感染源の1つである。

(3) 腸管出血性大腸菌感染症は、腸管出血性大腸菌が傷口から感染することによって発症する。

(4) 多数の人の口に入るものを扱う調理師としては、予防接種の実施に努めるなど健康に留意しなければならない。

第4回

問6 室内環境に関する記述のうち、正しいものを選びなさい。

(1) 酸素は、空気中の約78％を占めている。

(2) 湿度は、カビの発生には影響しない。

(3) 人工光源により、室内を明るくすることを採光という。

(4) ホルムアルデヒドは、シックハウス症候群の原因となる化学物質の1つである。

問 7

健康日本 21（第 3 次）に関する記述のうち、正しいものを選びなさい。

(1) 目標の設定期間は 20 年間である。

(2) 生活習慣病の早期発見、早期治療に重点を置いている。

(3) 健康格差の縮小の実現を図ることを目的としている。

(4) 地域保健法には、「健康日本 21」を推進するための地方計画の策定が規定されている。

問 8

健康増進法に規定されている事項として、正しいものを選びなさい。

(1) 受動喫煙の防止

(2) 食育推進基本計画の策定

(3) 保健所の事業内容

(4) 特定健康診査・特定保健指導の実施

問 9

労働基準法に規定されている労働時間・休憩・休日に関する記述のうち、正しいものを選びなさい。

(1) 使用者は原則として 1 日に 7 時間を超えて労働させてはいけない。

(2) 使用者は原則として 1 週間に 35 時間を超えて労働させてはいけない。

(3) 使用者は、1 日の労働時間が 6 時間を超える場合は 45 分以上の休憩を与えねばならない。

(4) 使用者は少なくとも 4 週間を通じて 5 日以上の休日を与えねばならない。

食品学

問 10 食品の加工法と加工品の組み合わせとして、誤っているものを選びなさい。

(1) 物理的加工法──────味噌、しょうゆ、ワイン

(2) 化学的加工法──────ゼリー、こんにゃく、豆腐

(3) 微生物利用加工法───納豆、くさや、フナ寿司

(4) 物理的加工法──────食用油、干ししいたけ、小麦粉

問 11 アイスクリームの分類に関する記述のうち、正しいものを選びなさい。

(1) アイスクリームは、乳固形分が 10.0 ％以上で、そのうち乳脂肪分が 9.0 ％以上のもの。

(2) ラクトアイスは、乳固形分が 8.0 ％以上で、そのうち乳脂肪分が 3.0 ％以上のもの。

(3) アイスミルクは、乳固形分が 10.0 ％以上で、そのうち乳脂肪分が 3.0 ％以上のもの。

(4) アイスミルクは、乳固形分が 3.0 ％以上であるが乳脂肪分には規格がない。

問 12 食品に関する記述のうち、誤っているものを選びなさい。

(1) 特別用途食品とは、内閣総理大臣の許可を受けて、特別の用途に適する旨の表示を行う食品である。

(2) いわゆる健康食品とは、一般的に健康に関する効果や機能などを表示して販売される食品であり、用語として法令上規定されている。

(3) 特定保健用食品（トクホ）は、食品ごとに有効性や安全性などに関する科学的根拠に基づいて個別審査が行われ、内閣総理大臣の許可を受けることが必要である。

(4) 条件付き特定保健用食品は、一定の有効性が確認され、限定的な科学的根拠である旨の表示をすることを条件として許可される。

第 **4** 回

問 13 食品とその食品に含まれるうま味成分の組み合わせとして、正しいものを選びなさい。

(1) コハク酸————————貝類

(2) イノシン酸————————海藻

(3) グアニル酸————————肉類

(4) グルタミン酸————————しいたけ

問 14 加工品に関する記述のうち、正しいものを選びなさい。

(1) 上新粉は、無加熱うるち米を水洗、乾燥、粉砕したものである。

(2) アイスミルクの乳脂肪分はアイスクリームより少ないため、その分をラードやヘットで補っているものがある。

(3) 小麦粉のうち中力粉は、天ぷらに適している。

(4) ゆばは、豆乳を加熱した際に表面に浮き上がるカルシウムの膜である。

問 15 レトルト食品に関する記述のうち、正しいものを選びなさい。

(1) レトルト殺菌された食品でも、低温流通が基本である。

(2) 高温で処理されるためビタミン類の損失は大きい。

(3) 高圧釜により、120℃・4分以上の高温・高圧で殺菌される。

(4) 長期間の保存を可能にするため、保存料のみが使用されている。

栄養学

問 16 コレステロールに関する記述のうち、正しいものを選びなさい。

(1) 細胞膜やステロイドホルモン、胆汁酸、ビタミン D の材料となる。

(2) 肝臓で合成されるよりも、食事から摂取するほうが多い。

(3) エネルギーとして活用することができるが、食物繊維には血中コレステロールの低下作用がある。

(4) HDL コレステロールは、過剰になると動脈硬化を引き起こすため、悪玉コレステロールと呼ばれている。

問 17 食物繊維に関する記述のうち、正しいものを選びなさい。

(1) ヒトの消化酵素で分解される。

(2) 水溶性と不溶性がある。

(3) 動物性食品には存在しない。

(4) 生活習慣病の予防のために、65 歳以上では 1 日 1 g 以下の摂取を目標とする。

問 18 ホルモンに関する記述のうち、誤っているものを選びなさい。

(1) アドレナリンは副腎髄質から分泌され、血圧を上昇させる。

(2) インスリンはすい臓から分泌され、血糖値を下げる。

(3) 副甲状腺ホルモンは、血中カルシウム濃度を恒常的に維持させる。

(4) 甲状腺ホルモンはたんぱく質の合成と蓄積を促すホルモンで、亜鉛を含んでいる。

第 4 回

次の病態と栄養に関する記述のうち、誤っているものを選びなさい。

(1) 脂質異常症の食事は、エネルギーの過剰摂取を避け、飽和脂肪酸を多く含む動物性脂質は少なめにする。

(2) 急性胃炎のときは、胃酸分泌を促進する刺激物、アルコールは避けるが、日常飲用しているコーヒーや紅茶は摂取していい。

(3) 腎臓病食の食塩の基本は、6g/日未満とする。高血圧や浮腫が強いほど制限が厳しくなる。

(4) 急性肝炎の食事療法では、良質たんぱく質の割合を増やして高たんぱく質食とするが、患者の食欲や状態に合わせて加減する。

ライフステージと栄養に関する記述のうち、誤っているものを選びなさい。

(1) 妊娠期には貧血になりやすいため、良質なたんぱく質、鉄、ビタミンを十分にとり、栄養バランスに留意する。

(2) 母乳は乳児にとって最良のものであり、感染抑制作用を持つ免疫グロブリンが含まれている。

(3) 離乳は、通常生後5、6ヵ月頃から始め、12～18ヵ月頃には完了する。

(4) 幼児期には適切な食習慣をつけるため、間食はさせない。

炭水化物の分類に関する記述のうち、正しい組み合わせを選びなさい。

(1) ブドウ糖——— 二糖類 ———ガラクトース＋マンノース

(2) ショ糖——— 多糖類 ———数百万のガラクツロン酸

(3) 麦芽糖——— 二糖類 ———グルコース＋グルコース

(4) でんぷん——— 多糖類 ———数万～数百万のフルクトース

問 22 脂質に関する記述のうち、誤っているものを選びなさい。

(1) 単純脂質とは、1つのグリセロールに3つの脂肪酸が結合したものである。

(2) 複合脂質にはリン脂質や糖脂質があり、生体膜の構成成分などになっている。

(3) 誘導脂質にはコレステロールや性ホルモン、胆汁酸などがある。

(4) 誘導脂質とは、単純脂質や複合脂質がたくさん結合したものである。

問 23 微量無機質に関する記述のうち、誤っているものを選びなさい。

(1) 非ヘム鉄の吸収率は非常に低く、たんぱく質やビタミンCを多く含む食品と一緒に摂取すると吸収率が上昇する。

(2) ヘム鉄は肉や魚、卵、乳製品などの動物性食品に含まれ、体内への吸収率が高い。

(3) 亜鉛は、酵素の活性化やインスリンの合成に関与する。欠乏すると味覚障害や成長障害などを起こす。

(4) ヨウ素は甲状腺ホルモンの構成成分であり、ヨウ素が欠乏すると甲状腺腫が起きる。日本人には欠乏者が多い。

問 24 高齢期の栄養問題に関する記述のうち、正しいものを選びなさい。

(1) 高齢期は身体活動が減少するため、一般的に過栄養になりやすい。

(2) 虚弱になり身体の機能が低下して、身の回りのことをすることが難しくなるような現象をフレイルという。

(3) サルコペニアとは、エネルギー摂取量が過多となり肥満などを引き起こす現象をいう。

(4) 加齢とともに基礎代謝量は減少するが、エネルギー必要量に個人差はない。

第 **4** 回

食品衛生学

問 25 貝毒に関する記述のうち、正しいものを選びなさい。

(1) 貝毒は、その原因となる毒素を持った動物プランクトンを、主に二枚貝が餌として食べることによって体内に毒が蓄積される。

(2) 毒成分には、エンテロトキシンやアコニチン、テトロドトキシンなどがある。

(3) 貝毒を蓄積した貝は、外見から判断できないが、加熱調理で分解する。

(4) 下痢性貝毒には、オカダ酸とジノフィシストキシン群がある。

問 26 カビに関する記述のうち、正しいものを選びなさい。

(1) カビ毒の中には、アフラトキシンのような強い発がん性を持つものがある。

(2) カビが産生する有害物質は、ゆでる、炒める、炊飯などでほとんど分解する。

(3) カビは有毒であるため、食品の製造・加工には利用されない。

(4) 餅のカビは、表面を削り取れば毒成分は除去されるので問題がない。

問 27 細菌の増殖に関する記述のうち、誤っているものを選びなさい。

(1) 細菌はその種類によって増殖に必要な酸素量が異なる。

(2) 細菌が利用できる食品中の酸素は遊離酸素である。

(3) 水分活性を 0.6Aw 以下に抑えることができれば、どのような微生物でも増殖を抑制できる。

(4) 細菌は pH が 4 以下の酸性でよく生育する。

問 28 食物から感染する寄生虫と宿主の組み合わせとして、誤っているものを選びなさい。

寄生虫　　　　　　　　　　宿主

(1) 旋尾線虫 ──────────── ホタルイカ

(2) トキソプラズマ ──────── ブタ

(3) 横川吸虫 ──────────── アユ

(4) 無鉤条虫 ──────────── ニワトリ

問 29 フグ毒に関する記述のうち、誤っているものを選びなさい。

(1) フグ毒成分をテトロドトキシンという。

(2) 毒性はフグの種類、臓器、季節、個体により異なる。

(3) 中毒の防止と安全性のために、都道府県単位でフグ取り扱いに関する条例を制定している。

(4) 各部位別の毒成分分布は、多くの種類で精巣が最も多い。

問 30 食品添加物の表示が免除される場合について、誤っているものを選びなさい。

(1) キャリーオーバー

(2) 栄養強化の目的で使用される

(3) 加工助剤

(4) 天然香料

第 4 回

施設、設備および器具類の衛生管理に関する記述のうち、誤っているものを選びなさい。

⑴ 器具類は洗剤と流水で洗浄し、80℃で5分間以上の加熱または同等の効果を有する方法で殺菌するとよい。

⑵ 手洗い設備は、作業の邪魔にならないよう小型のものを作業場の奥に設置する。

⑶ 器具類は、使用目的に応じて使い分ける。

⑷ 井戸水を使用する場合は、定期的な水質検査が必要である。

食器などの洗浄残留確認に関する記述のうち、誤っているものを選びなさい。

⑴ 中性洗剤は、見た目に泡が残っておらず、触れてみてヌルヌルしていない状態ですすぎ完了となる。

⑵ 石けんはアルカリ性（pH9〜11程度）のため、pH試験紙で確認することができる。

⑶ でんぷん性の汚れは、残留物がある場合に0.1％クルクミン色素溶液を振りかけると淡黄色になる。

⑷ たんぱく質の汚れは、ニンヒドリン試薬により紫色になる。

腸管出血性大腸菌に関する記述のうち、誤っているものを選びなさい。

⑴ 感染すると出血性腸炎に続いて尿毒症を併発し、抵抗力の弱い小児や高齢者では死に至ることもある。

⑵ 第3類感染症として指定され、保菌者は就業制限の対象となっている。

⑶ 比較的低温にも強いため、食品を冷蔵庫で保管していても食中毒を発症するおそれがある。

⑷ わずかな菌数で感染するが、ヒトからヒトへの2次感染は認められない。

問 34 紫外線殺菌に関する記述のうち、誤っているものを選びなさい。

(1) 紫外線は光の波長が 100 〜 400nm のもので、殺菌効果があるものは 260nm 前後の波長である。

(2) 紫外線殺菌の短所には、残留効果がない、対象が表面に限られる、光をさえぎるものがあると効果がない、などがあげられる。

(3) 人体への長時間照射は害を及ぼす危険があるので、照度が弱くても注意が必要。

(4) 夜間などの調理作業がないときに調理場に使用しても、殺菌効果は期待できない。

問 35 HACCP システムの7原則に関する次の表の（ア）（イ）に入る語句の組み合わせとして、正しいものを選びなさい。

原則1	（　ア　）	原則5	（　イ　）
原則2	重要管理点の設定	原則6	検証方法の設定と実施
原則3	管理基準の設定	原則7	記録・保管の設定
原則4	監視方法の設定		

(1) ア　HACCP チームの編成　　イ　危害分析

(2) ア　HACCP チームの編成　　イ　製品説明書の作成

(3) ア　危害分析　　イ　改善措置の決定

(4) ア　製品説明書の作成　　イ　危害分析

問 36 衛生微生物に関する記述のうち、誤っているものを選びなさい。

(1) 食品を汚染する微生物は、すべて製造・加工などの過程で2次的に付着したものである。

(2) 大きさは、原虫類＞真菌類（カビ・酵母）＞細菌＞ウイルスである。

(3) ある種のカビは有毒物質を産生するので、食品衛生上注意しなければならない。

(4) 大半の微生物は、pH7 〜 8（中性・弱アルカリ性）が最適値となる。

第**4**回

問 37 食品衛生行政に関する記述のうち、誤っているものを選びなさい。

(1) 農林水産省は、食品衛生法を所管している。

(2) 保健所は、食品衛生監視員が配置されている食品衛生行政の第一線機関である。

(3) 食品衛生監視員は、必要に応じて無償で食品を収去することができる。

(4) 輸入食品の監視のため、全国の主要な港や空港に検疫所が設けられている。

問 38 食品の保存に関する記述のうち、誤っているものを選びなさい。

(1) 加熱は、食品中の微生物を殺菌し、酵素を活性化させることで保存性を高める方法である。

(2) 冷凍または冷蔵は、食品中の微生物の増殖を阻止、またはその活動を弱めることで保存性を高める方法である。

(3) 乾燥または脱水は、食品中の水分含量を微生物の増殖に適さない程度にまで下げることで保存性を高める方法である。

(4) 発酵は、食品中で発酵微生物が生成する有機酸によって保存性を高める方法である。

問 39 食品中の異物に関する記述のうち、誤っているものを選びなさい。

(1) 食品中の異物は、一般に動物性異物と植物性異物の2種類に分類される。

(2) 異物混入のおそれがある材料は、ふるい分け、ろ過、水洗いなどを行う。

(3) 食品衛生法では、異物の混入により、人の健康を損なうおそれがある食品の販売は禁止されている。

(4) 異物は、食品の種類、生産や加工の過程により異なるので、混入の発見とその原因究明に努める必要がある。

調理理論

問40 切砕の特徴に関する記述のうち、誤っているものを選びなさい。

(1) 食品の食べられない部分を取り除く。
(2) 食品の形や大きさを整え、食べやすくする。
(3) 切り方によってテクスチャー（食感）は変化しない。
(4) 熱の伝達や調味料の浸透を容易にする。

問41 揚げ物および揚げ油に関する記述のうち、誤っているものを選びなさい。

(1) 材料を入れたときに油脂の温度が低下しやすいので、注意が必要である。
(2) 揚げ物の加熱時間は短いが、栄養成分の損失や形状、組織などの変化が大きい。
(3) 揚げ油が古くなり粘度が増すと、泡立ちが激しくなり、泡が消えにくくなる。
(4) 市販の冷凍メンチカツなどの「そうざい半製品」を揚げる場合は、中心部まで十分な加熱が必要である。

問42 蒸し物に関する記述のうち、正しいものを選びなさい。

(1) 調理中は湯が不足しないように、時々ふたを開けて確認する。
(2) 蒸し器に食品を入れてから点火したほうが、庫内の温度が下がらない。
(3) 蒸し器を何段か重ねて使うときは、途中で上下を入れ替える。
(4) 多くの蒸し物では、加熱中に味付けを行う。

問 43 次の非加熱調理操作に関する記述のうち、誤っているものを選びなさい。

(1) 浸漬とは、固形の食品を水またはその他の液体（調味料・酒類・油など）につける調理操作をいう。

(2) ふきやたけのこなど、あくの強いものは加熱後に洗うこともある。

(3) 魚介類やさといもなど、ぬめりのあるものは洗うときに砂糖を使う。

(4) 洗浄は、食品の安全性という目的の他、嗜好性の向上も目的となる。

問 44 合わせ調味料とその材料の組み合わせとして、正しいものを選びなさい。

(1) 三杯酢 ———————————— 砂糖・酢

(2) 割りじょうゆ ———————————— しょうゆ・だし汁・酒

(3) 田楽味噌 ———————————— みりん・砂糖・酒

(4) 吉野酢 ———————————— 卵黄・酢・塩・砂糖

問 45 次の香辛料に関する組み合わせとして、誤っているものを選びなさい。

(1) シナモン（肉桂）—— 芳香性がある。クッキー、焼きりんごなどの菓子に使用する。

(2) バニラ ———— 香味性と辛味性がある。若葉は汁物や和え物に使い、実は粉にしてウナギなどに使用する。

(3) わさび ———— 香味性と辛味性がある。刺身、すし、ドレッシングなどに使用する。

(4) サフラン ———— 色と香味を利用。魚の煮込み料理やブイヤベースの色と香りづけに使用する。

問 46 味覚の相互作用の組み合わせとして、誤っているものを選びなさい。

(1) 対比効果―――――― しるこに塩

(2) 相乗効果―――――― だし汁に食塩

(3) 抑制効果―――――― 合わせ酢

(4) 抑制効果―――――― コーヒーと砂糖

問 47 乾物食材と浸漬後の重量変化（戻し率）の組み合わせとして、正しいものを選びなさい。

　　　　乾物食材　　　　　戻し率

(1) 干ししいたけ―――4.5 ～ 5.5 倍

(2) はるさめ―――――9.0 ～ 10 倍

(3) 凍り豆腐――――――1.5 ～ 2.0 倍

(4) カットわかめ―――2.0 ～ 3.0 倍

問 48 肉の調理技術や調理特性に関する記述のうち、正しいものを選びなさい。

(1) 肉の筋線維は魚より短いものが多いため、あらかじめ直角方向に切る必要はない。

(2) 肉のたんぱく質は45℃付近で凝固が起こり、肉が収縮してかたくなる。

(3) 生肉には、たんぱく質分解酵素が含まれているので、熟成や調理によりうま味が増す。

(4) 肉をゆでると出るあくは、煮汁に溶け出したシュウ酸などであり野菜のあくと同じである。

第
4
回

問 49 鶏卵の調理特性に関する記述のうち、誤っているものを選びなさい。

(1) 温泉卵は、65 ～ 70℃で 20 ～ 30 分の加熱でできる。

(2) 卵を長時間ゆでると、卵黄のたんぱく質から発生したイオウ分が卵白中の鉄分と結びついて青黒く変色する。

(3) 卵白に油類を添加すると、泡立ちが悪くなる。

(4) 牛乳は、オムレツの凝固を促進する。

問 50 砂糖の作用に関する記述のうち、正しいものを選びなさい。

(1) 砂糖溶液に食酢を加えて加熱しても加水分解しない。

(2) たんぱく質の熱凝固を促進し、かたくする。

(3) 砂糖溶液を 170 ～ 190℃に加熱すると、カラメル化する。

(4) 砂糖濃度が 30%あると防腐効果がある。

問 51 ゲル状食品とその原料の組み合わせとして、正しいものを選びなさい。

(1) ゼラチン ―――――― ココナツの実

(2) カラギーナン ――― 動物のすじ肉

(3) 寒天 ―――――――― わかめ

(4) ペクチン ――――― かんきつ類の果皮

問 52 ゼラチンゼリーに関する記述のうち、正しいものを選びなさい。

(1) ゼラチンの主成分は、脂質である。

(2) ゼラチンは、水に浸漬して吸水膨潤させてから加熱溶解する。

(3) 砂糖の添加によりゼリー強度は低下する。

(4) 酸性条件下（pH 4 以下）でもゼリー強度は低下しない。

問 53 魚臭に関する記述のうち、誤っているものを選びなさい。

(1) 魚種、鮮度により異なるが筋線維中の水分や血液に存在する。

(2) うま味成分が変化して生ずる硫化アリルによる。

(3) 食塩水で洗うことにより、その脱水作用により魚臭成分を除去する。

(4) 牛乳に浸すことにより、乳たんぱくコロイドが臭いを吸着する。

問 54 浸漬に関する記述のうち、正しいものを選びなさい。

(1) 食品を浸漬する操作には、酢や食塩は用いない。

(2) うどやごぼうを浸漬する目的は、塩分を除くことである。

(3) 乾物を浸漬する目的は、乾燥を防ぐためである。

(4) 切ったりんごを水に漬けるのは、酵素による褐変を防止するためである。

問 55 調味料と計量の目安に関する組み合わせとして、正しいものを選びなさい。

(1) 食塩（精製塩）大さじ1杯————約25 g

(2) 砂糖（上白糖）大さじ1杯————約17 g

(3) トマトケチャップ大さじ1杯————約18 g

(4) マヨネーズ大さじ1杯————約20 g

問 56 ブイヨン（スープストック）の種類とそれぞれの材料との組み合わせとして、誤っているものを選びなさい。

(1) ブイヨン・ド・ブフ————牛肉の塊、骨、すじ

(2) ブイヨン・ド・ボライユ————鶏肉、鶏がら

(3) フュメ・ド・ポアソン————仔牛の塊、骨、すね

(4) ブイヨン・ド・レギューム————野菜類

第4回

問 57 日本料理の椀物に関する記述のうち、誤っているものを選びなさい。

(1) 一般的に塩分濃度は 0.5 ～ 1.0％がよいとされている。

(2) 潮仕立てとは、薄くず仕立てともいい、主にすまし仕立ての汁に水溶きくずでとろみをつけたもののこと。

(3) 椀物を構成する基本要素は、だし、椀種、椀づま、吸い口である。

(4) 吸い口には、木の芽、ゆず、しょうが、みょうがなどが使われる。

食文化概論

問 58 行事と行事食の組み合わせとして、正しいものを選びなさい。

(1) 端午の節句――――――――いなり寿司

(2) 桃の節句――――――――恵方巻き

(3) 秋分――――――――おはぎ

(4) 冬至――――――――そば

問 59 和食のユネスコ無形文化遺産登録に関する記述のうち、誤っているものを選びなさい。

(1) 多種で新鮮な食材とその持ち味の尊重

(2) 自然の美しさや季節の移ろいの表現

(3) 2010（平成 22）年にユネスコの世界無形文化遺産に登録

(4) 正月などの年中行事とその密接な関わり

問 60 宗教と食物禁忌の組み合わせとして、誤っているものを選びなさい。

(1) イスラム教――――――――豚肉

(2) ユダヤ教――――――――豚肉

(3) ヒンズー教――――――――牛肉

(4) キリスト教――――――――ヤギ

第5回 調理師試験問題

試験時間 2時間

解答一覧 ━━▶ 別冊 P.108 〜 109

解答と解説 ━━▶ 別冊 P.65 〜 80

（別冊）P.98 〜 99 の解答用紙をコピーしてお使いください。

公衆衛生学

問 1　日本国憲法第25条に関する記述の（ア）（イ）（ウ）に入る語句の組み合わせとして、正しいものを選びなさい。

「すべて国民は（ア）で文化的な最低限度の生活を営む権利を有する。国は、すべての生活部面について、社会福祉、社会保障及び（イ）の向上及び（ウ）に努めなければならない。」

	ア	イ	ウ
(1)	健康	公衆衛生	増進
(2)	豊か	公衆衛生	増進
(3)	健康	生活環境	育成
(4)	豊か	生活環境	育成

問 2　労働基準法における母性保護に関する記述のうち、誤っているものを選びなさい。

(1)　使用者は、生理日の就業が著しく困難な女性から休暇の請求があったときは、就業させてはならない。

(2)　使用者は、産後4週間を経過しない女性を就業させてはならない。

(3)　使用者は、原則として妊産婦が請求した場合においては、時間外労働、休日労働または深夜業をさせてはならない。

(4)　生後満1年に達しない生児を育てる女性は、使用者に育児時間の請求ができる。

問 3　調理師法で規定されているものとして、誤っているものを選びなさい。

(1)　調理師試験に合格した者は、住所地の都道府県知事に免許申請を行う。

(2)　麻薬、あへん、大麻、または覚せい剤の中毒者には免許が与えられないことがある。

(3)　免許は調理師名簿に登録することによって行う。

(4)　飲食店等不特定多数に対して飲食物を提供する施設の営業者は、必ず調理師を置かなければならない。

問 4　次の廃棄物に関する記述のうち、正しいものを選びなさい。

(1)　一般廃棄物は、都道府県が処理する。

(2)　産業廃棄物は、市町村が処理する。

(3)　し尿は一般廃棄物に分類される。

(4)　パソコンは家電リサイクル法の対象品目である。

問 5　環境衛生に関する記述のうち、誤っているものを選びなさい。

(1)　カビやダニもシックハウス症候群の原因となる。

(2)　家屋の改築等で使用された接着剤、塗料などの化学物質が原因となり、めまいや頭痛などのシックハウス症候群を起こすことがある。

(3)　一酸化炭素は、猛毒の気体であり、自動車の排ガスなどの不完全燃焼により発生する。

(4)　日光に当たる機会が少ないと、体内でのビタミンAの合成が低下する。

問 6　次の記述の（　）に入る語句の組み合わせとして、正しいものを選びなさい。

環境基本法によると、公害とは、事業活動や人の活動に伴って生ずる大気汚染、（ア）、土壌の汚染、騒音、（イ）、地盤沈下、悪臭によって人の健康、生活環境にかかる被害が生ずることをいう。

	ア	イ
(1)	粉じん	環境汚染
(2)	排ガス	食品汚染
(3)	化学物質	廃液
(4)	水質汚濁	振動

第5回

問 7 放射線に関する記述のうち、正しいものを選びなさい。

(1) 非電離放射線には、レントゲン撮影に利用されているX線がある。

(2) 非電離放射線には、じゃがいもの発芽防止に使われるガンマ線がある。

(3) 紫外線は、目に見える光で、太陽光線に含まれる量が多い。

(4) 赤外線は、目に見えない光で、その太陽光線が地上に熱を与える。

問 8 感染症に関する記述のうち、誤っているものを選びなさい。

(1) 感染症予防の原則は、感染源対策、感染経路対策、感受性対策の3つである。

(2) 個人の栄養状態は、感染症に対する感受性に大きな影響を及ぼす。

(3) マスクや手洗いは感染源対策の1つである。

(4) 予防接種は感受性のある人への予防対策である。

問 9 感染症の感染経路と病名の組み合わせとして、誤っているものを選びなさい。

(1) 飛沫感染―――――――――― コレラ

(2) 経口感染―――――――――― 赤痢

(3) ダニの媒介による感染――― つつが虫病

(4) 蚊の媒介による感染―――― マラリア

食品学

問 10 食品の冷蔵・冷凍法に関する記述のうち、正しいものを選びなさい。

(1) 一般に冷蔵保存とは、5℃以下での貯蔵をいう。

(2) 食品衛生法の規定では、冷凍食品は−18℃以下で保存しなければならない。

(3) 冷蔵庫による低温保存は、細菌の活動を抑える方法の1つである。

(4) 冷蔵庫内は、食品を隙間なく詰めると冷気が伝わりやすく、よく冷える。

問 11 魚介類に関する記述のうち、正しいものを選びなさい。

(1) 魚介類は、炭水化物を平均20%含んでいる。

(2) 魚油には、ドコサヘキサエン酸（DHA）が含まれるのが特徴である。

(3) 頭足類であるエビ、カニには、うま味成分のアミノ酸であるエイコサペンタエン酸（EPA）が含まれる。

(4) 貝類の旬は、脂肪の少ない時期である。

問 12 わが国において、遺伝子組換え表示の対象となる農産物として、誤っているものを選びなさい。

(1) 大豆

(2) パイナップル

(3) ばれいしょ（じゃがいも）

(4) とうもろこし

問 13 食品の貯蔵に関する記述のうち、誤っているものを選びなさい。

(1) チルド食品は、凍結しないことで解凍時の品質低下を防ぎ、風味や食感を維持できる。

(2) CA（Controlled Atmosphere）制御に近い状態を包装資材で行うことを、MA包装（Modified Atmosphere Storage）という。

(3) 日本では放射線照射が香辛料、冷凍魚介類の殺菌法として許可されている。

(4) 真空凍結乾燥法は風味、ビタミン、たんぱく質などの変化が少なく、多孔質なので復元性がよい。

第5回

問 14 栄養機能食品に関する記述のうち、誤っているものを選びなさい。

(1) 栄養機能食品として補給できる栄養成分は、20種類ある。

(2) 栄養機能食品として補給できる栄養成分には、n-3系脂肪酸もある。

(3) 栄養機能食品として補給できる栄養成分には、13種のビタミンがある。

(4) 栄養機能食品として補給できる栄養成分には、3種類の無機質がある。

問 15 食品の貯蔵方法に関する記述のうち、誤っているものを選びなさい。

(1) 乾燥法とは、食品中の水分および水分活性を低くして細菌類の増殖を困難にする方法である。

(2) 燻煙法は、食品を煙で燻すことにより、煙の成分であるホルムアルデヒドやフェノールの防腐効果を得て保存性を高める方法である。

(3) CA貯蔵とは、酸素を多くした人工空気の中で密閉して貯蔵する方法である。

(4) 塩蔵法、糖蔵法は微生物が利用できる水分を減らすということで乾燥とは異なる。

栄養学

問 16 「食生活指針」〔2000（平成12）年策定、2016（平成28）年一部改正〕の大項目として、誤っているものを選びなさい。

(1) 主食、主菜、副菜を基本に、食事のバランスを。

(2) ご飯などの穀類をしっかりと。

(3) 野菜・果物、牛乳・乳製品、豆類、魚なども組み合わせて。

(4) 食塩は控えめに、脂肪はしっかりと。

問 17 たんぱく質に関する記述のうち、正しいものを選びなさい。

(1) ヘモグロビンは、色素を含むたんぱく質であり、銅を含む。

(2) 約16％の窒素を含んでいる。

(3) 1gで9kcalのエネルギーを持つ。

(4) 「日本人の食事摂取基準（2020年版）」によれば、1歳以上のすべての年齢において、総エネルギーの約20～30％の摂取が目標値とされている。

問 18 骨粗鬆症に関する記述のうち、誤っているものを選びなさい。

(1) 男性より女性に多い。

(2) 骨密度が低下して、骨折しやすくなる。

(3) 予防のためには、子どもの頃からカルシウムを十分に摂取する。

(4) 高齢になってからカルシウムを十分摂取しても、進行を抑制できない。

問 19 国民の栄養状態に関する記述のうち、誤っているものを選びなさい。

(1) 国民の栄養素摂取状況と身体状況を明らかにするため、厚生労働省が5年ごとに、国民健康・栄養調査を実施している。

(2) 動物性たんぱく質の摂取割合が増加したことにより、国民の体位は向上し、結核などの感染症は減少したが、欧米型の食事は心臓病や動脈硬化といった疾病の増加を招いている。

(3) 2009（平成21）〜 2019（令和元）年の10年間で見ると、男性の食塩摂取量は有意に減少している。

(4) 健康づくり、生活習慣病予防の観点から、穀類、いも類、豆類、緑黄色野菜、その他の野菜、乳・乳製品などを幅広く摂取する。

＊新型コロナウイルス感染症の影響により、2020 〜 2021（令和2〜3）年は国民健康・栄養調査が中止されたため、2019（令和元）年の調査結果をもとに問題を作成しています。

問 20 脂質に関する記述のうち、誤っているものを選びなさい。

(1) エイコサペンタエン酸（EPA）やドコサヘキサエン酸（DHA）は、バターや牛脂などの動物性脂肪に多く含まれる。

(2) 必須脂肪酸には、リノール酸、α−リノレン酸、アラキドン酸などがある。

(3) コレステロールは、ステロイドホルモンや胆汁酸、ビタミンDの材料となる成分である。

(4) 脂質は胃内での停滞時間が長く、腹持ちがよい。

第 5 回

問 21 国民健康・栄養調査の糖尿病に関する記述のうち、（　　）に入る語句の組み合わせとして、正しいものを選びなさい。

『厚生労働省が実施した2019（令和元）年国民健康・栄養調査の結果によると、糖尿病が強く疑われる者の割合は男性（　A　）％、女性（　B　）％である。ここ10年間で見ると、男女とも有意な増減は見られない。年齢階級別に見ると、年齢が（　C　）でその割合が高い。』

	A	B	C
⑴	10.8	19.7	高い層
⑵	10.8	19.7	低い層
⑶	19.7	10.8	高い層
⑷	19.7	10.8	低い層

＊新型コロナウイルス感染症の影響により、2020～2021（令和2～3）年は国民健康・栄養調査が中止されたため、2019（令和元）年の調査結果をもとに問題を作成しています。

問 22 次の記述のうち、誤っているものを選びなさい。

⑴ 胃切除前は、高エネルギー、高たんぱく質、高ビタミンの食事とする。

⑵ 慢性胃炎では、絶食後、厳しい食事制限で胃を守る。

⑶ 逆流性食道炎では、消化の悪いものや油料理は避ける。

⑷ 胃・十二指腸潰瘍では、栄養価が高く、消化のよい、薄味の食事とする。

問 23 次の記述のうち、誤っているものを選びなさい。

⑴ 急性膵炎や慢性胃炎の治療において、飲酒は厳禁である。

⑵ 急性腎炎の治療食では、食塩、水分、たんぱく質を多めに摂取する。

⑶ 糖尿病の治療食では、動脈硬化の予防のため、脂質には植物油を適量使用する。

⑷ 鉄欠乏性貧血の治療食では、良質のたんぱく質やビタミンCを十分に摂取する。

問 24 水に関する記述のうち、正しいものを選びなさい。

(1) 成人では、体重の 40 ～ 50％程度は水分である。

(2) 血液は、身体の隅々まで酸素、栄養、ホルモンなどを運ぶ重要な役割を担っている。

(3) 体内の水分が正常値の 20％以上減少すると脱水症状が始まり、その状態が進むと意識がなくなり、けいれんを起こす。

(4) 水の必要量は周囲の温度や湿度、身体活動の程度により変動せず、成人では 1 日約 2 ～ 3L である。

食品衛生学

問 25 腸炎ビブリオ食中毒に関する記述のうち、誤っているものを選びなさい。

(1) 原因食品は、海産の魚介類およびその加工品が多い。

(2) この菌は好塩菌であり、魚介類の調理にあたっては水道水でよく洗う。

(3) 2 次汚染を防止するため、調理器具の消毒を適切に行う。

(4) この菌の出す毒素は、エンテロトキシンである。

問 26 食中毒に関する記述のうち、正しいものを選びなさい。

(1) ウイルス性食中毒と細菌型食中毒の発生する時期のピークは同じである。

(2) 食中毒は細菌性、ウイルス性、化学性、自然毒の 4 つに分類されている。

(3) 細菌性食中毒とは、病原微生物によって汚染された食品を飲食することで発症する病気で、発症の仕方には感染型と毒素型がある。

(4) 細菌が増殖したり、毒素が発生したりした食品は、色、香り、味などで容易に判別できる。

第 5 回

問27 食品の期限表示に関する記述のうち、誤っているものを選びなさい。

(1) 消費期限は、品質状態が急速に劣化する食品に表示されている。

(2) 即席めん類には、賞味期限が表示される。

(3) 賞味期限を過ぎてしまった食品は、危険となるので速やかに廃棄する。

(4) 製造日から賞味期限までの期間が3ヵ月を超える食品は、年月で表示することができる。

問28 食品添加物に関する記述のうち、誤っているものを選びなさい。

(1) 食品添加物は、食品衛生法で定義されている。

(2) 食品添加物の指定基準は、ポジティブリスト制度による。

(3) 天然香料は、動植物から得られる天然のもので、食品の着香の目的で使用される。

(4) 一般飲食物添加物とは、長年の使用実績がある添加物のことである。

問29 水に関する記述のうち、誤っているものを選びなさい。

(1) 検出される大腸菌が10個/mL以下であること。

(2) 上水道の給水栓における水は、遊離残留塩素を0.1mg/L以上にすることが定められている。

(3) 日本の上水道の普及率は98.2%（2021年）で、「国民皆水道」がほぼ実現されている。

(4) カルシウム塩やマグネシウム塩を多く含む水は、硬水と呼ばれる。

問 30 衛生微生物に関する記述のうち、誤っているものを選びなさい。

(1) 好気性菌は、酸素がないと増殖できない。

(2) 偏性嫌気性菌は、酸素があると増殖できない。

(3) ウイルスは、普通の細菌などと比較して、その構造は複雑である。

(4) 微生物が増殖するためには、栄養、適当な温度、水分活性が必要。

問 31 植物性自然毒食中毒と有毒成分の組み合わせとして、正しいものを選びなさい。

(1) じゃがいもによる中毒――――アコニチン

(2) トリカブトによる中毒――――ソラニン

(3) 青梅による中毒――――――アミグダリン

(4) 毒きのこによる中毒――――シクトキシン

問 32 菌から身を守ることに関する記述のうち、正しいものを選びなさい。

(1) 菌を殺すのが殺菌で、菌は殺さず増殖を抑えるのが消毒である。

(2) 感染症を防げる程度まで病原菌を殺すのが増殖抑制である。

(3) 病原体の有無にかかわらず、すべての微生物を殺すことが滅菌である。

(4) 除菌の中に、滅菌と消毒という分類がある。

問 33 アレルギー原材料の混入（コンタミネーション）を防止する方法として、誤っているものを選びなさい。

(1) 製造（調理）ラインを十分に洗浄する。

(2) 可能な限り専用器具を使用する。

(3) アレルギー対応食は最後に調理する。

(4) 揚げ油の使い分けをする。

第5回

残留農薬に関する記述のうち、誤っているものを選びなさい。

(1) 残留農薬とは、農作物の病害虫防除のために使用された農薬が、農・畜産物等に残留したものをいう。

(2) ポストハーベスト農薬とは、農作物の貯蔵や輸送中における保存効果を目的として、収穫後の農産物に使用する農薬のことをいう。

(3) ポジティブリスト制度とは、残留農薬等に基準値が設定され、この基準値を満たす農作物・食品だけが流通できる制度である。

(4) 食品の残留農薬基準は、農薬取締法で定められている。

「大量調理施設衛生管理マニュアル」に関する記述のうち、誤っているものを選びなさい。

(1) 食肉類、魚介類、野菜類などの生鮮食品は、1回で使い切る量を調理当日に仕入れる。

(2) 検食は、調理済み食品のみを、食品ごとに50g程度ずつ清潔な容器に入れて密封する。−20℃以下で2週間以上保存する。

(3) 食器ならびに移動性の器具および容器の取り扱いは、床面からの跳ね水等による汚染を防止するため、床面から60cm以上の場所で行う。

(4) 加熱調理の際は、食品の中心温度を測定し、75℃以上1分間以上の加熱を確認する。

ヒスタミンによる食中毒に関する記述のうち、誤っているものを選びなさい。

(1) 化学性食中毒の大半を占めている。

(2) 主な症状が、じんましんなどのアレルギー症状とよく似ているので、アレルギー様食中毒と呼ばれる。

(3) 潜伏期間は、食後30分～1時間程度である。

(4) 主な原因食品は、カキ、ハマグリなどである。

問37 細菌性食中毒予防の3原則に関する記述で、（　　　）に入る語句として、正しいものを選びなさい。

『細菌性食中毒予防の一般的な原則は、第1に「付けない」（清潔、汚染させない）、第2に（　　）、第3に「やっつける」（加熱、殺菌）である。』

(1) 「見逃さない」（目視確認、検査）
(2) 「増やさない」（温度管理、迅速）
(3) 「広げない」（分別管理、区画）
(4) 「油断しない」（日常点検、記録）

問38 食品の鑑別法に関する記述のうち、誤っているものを選びなさい。

(1) 鮮度が良好な魚類は、外部から押しても腹部に軟弱感がない。
(2) よい味噌は、水によく溶け、煮たときに長く濁っている。
(3) 肉類は鮮度が低下するとpHは低くなる（酸性に向かう）。
(4) 貝類はたたき合わせると、すんだよい音がするものが鮮度良好である。

問39 食中毒原因菌とそれらの食中毒の原因になりやすい食品の組み合わせとして、正しいものを選びなさい。

(1) サルモネラ属菌――――――――アジの刺身、いずし
(2) ウェルシュ菌――――――――――ユッケ、ローストビーフ
(3) 腸管出血性大腸菌――――――――カレー、シチュー
(4) 黄色ブドウ球菌―――――――――弁当、おにぎり

第5回

調理理論

しいたけの調理性に関する記述のうち、正しいものを選びなさい。

(1) うま味成分は、イノシン酸が主成分である。

(2) 干ししいたけは、生しいたけよりもうま味が強い。

(3) うま味のよく出るもどし方は、沸騰水に入れて加熱するのがよい。

(4) もどし汁は、うま味成分を含まない。

チーズの調理性に関する記述のうち、正しいものを選びなさい。

(1) ナチュラルチーズは、加熱しても容易に溶けない。

(2) ナチュラルチーズは、熟成させたものだけである。

(3) プロセスチーズは、ナチュラルチーズをミックスして作られる。

(4) プロセスチーズは、軟質、半硬質、硬質、超硬質チーズに分類される。

魚介類の調理に関する記述のうち、誤っているものを選びなさい。

(1) 魚はいったん切り身にすると洗浄は困難なので、はじめによく洗っておく。

(2) 魚を焼くときは、魚の3～4％程度の食塩を、焼く直前にまぶす。

(3) 魚の直火焼きの加熱温度は200～300℃程度になる。

(4) 姿焼きに金串を用いる場合は、焼き上がったら熱いうちに金串をまわして熱凝着を防ぐようにする。

揚げ物の吸油量に関する組み合わせとして、正しいものを選びなさい。

(1) から揚げ―――――― 25～30％

(2) フライ（パン粉）――― 5～8％

(3) 衣揚げ（天ぷら）――― 10～15％

(4) 素揚げ――――――― 30～35％

問 44 マイクロ波加熱に関する記述のうち、誤っているものを選びなさい。

(1) 加熱むらを防ぐためには、材料の大きさを不揃いにして、まんべんなくマイクロ波が当たるようにする。

(2) マイクロ波（極超短波）を食品に照射し、そのエネルギーが食品中で熱に変わる。

(3) マイクロ波（極超短波）は金属に当たると反射し、木、紙、プラスチックなどに当たると通過する。

(4) 水分が蒸発しやすく、食品の重量減少が大きい。

問 45 たんぱく質の調理に関する記述のうち、正しいものを選びなさい。

(1) 動物の皮や筋に含まれるゼラチンは冷水に溶けないが、長時間加熱すると、次第に溶けてコラーゲンになる。

(2) たんぱく質は高分子化合物であり、水に溶けにくい部分が多く、疎水性である。

(3) 肉類の死後硬直は、と殺後の体内に生じた乳酸により pH が下がることで起きる。

(4) カルシウムやマグネシウムのような無機質は、たんぱく質を軟化しやすくする。

問 46 調理における食塩の性質に関する記述のうち、正しいものを選びなさい。

(1) 葉菜類に食塩を加えると、細胞膜の内側の浸透圧が高くなる。

(2) 食塩の主な呈味成分は、塩化カリウムである。

(3) 適度と感じる塩分濃度は、1.5 〜 2.0％である。

(4) 魚に食塩を振ると、魚肉の細胞から細胞液が浸出する。

第5回

煮豆に関する記述のうち、誤っているものを選びなさい。

(1) 重曹には繊維をやわらかくする作用があるため、大豆を重曹水で煮るとやわらかく煮える。

(2) 小豆は、胴割れを起こさないように一晩浸漬してから煮るとよい。

(3) 黒豆は、鉄粉や鉄釘を加えて煮ることにより色よく仕上がる。

(4) 煮豆のしわを防ぐため、調味料は豆がやわらかく煮えてから数回に分けて加える。

だしの取り方に関する記述のうち、正しいものを選びなさい。

(1) こんぶだしは、こんぶを水に浸漬して 30 〜 60 分置くか、沸騰水に入れ 10 分程度加熱してから取り出す。

(2) かつおだしは、かつお節を薄く削って水に入れ、加熱して沸騰させてから火を止めて、かつお節が沈んだらこす。

(3) 中国料理のだしは湯（たん）といい、澄んだ湯を上湯（しゃんたん）、濁った湯を白湯（ぱいたん）という。

(4) 西洋料理のだしであるフォン・ド・ポアソンは、子牛肉からとったものである。

米の調理に関する記述のうち、正しいものを選びなさい。

(1) 米は外皮が強靱で胚乳部がもろいため、粒をこすり合わせるだけで外皮を取り除くことができる。

(2) 洗米について、はじめの 1 〜 2 回は少量の水で米を研ぐように強く洗い、米粒表面のぬかを取り去る。

(3) 洗米後、夏季は 30 分〜 1 時間、冬季は 1 〜 2 時間水に浸して吸水させる。

(4) 炊飯の水加減は、重量で米の 1.1 〜 1.2 倍、容量で 1.4 〜 1.5 倍とする。

問 50 植物のあくについての記述のうち、正しいものを選びなさい。

(1) あくの成分には、えぐ味を呈するタンニンや苦味のもととなるシュウ酸などがある。

(2) ほうれん草は酢を入れたお湯でゆでると、あくが抜け、緑色も鮮やかになる。

(3) ごぼうは皮をこそげて酢水につけ、ゆでるときも少々の酢を加えた熱湯でゆでる。

(4) なすのあくは強くないので、切る前に水洗いをする程度でよい。

問 51 揚げ物に関する記述のうち、誤っているものを選びなさい。

(1) 揚げ物は高温の油脂の対流により食品を加熱する操作で、加熱中に食品および衣の脱水・吸油が行われる。

(2) 揚げ物をすると素材に油が吸収され、栄養的、嗜好的価値を高める。

(3) 天ぷらの衣は、粘りの少ない薄力粉を低温で、あまり撹拌せずに溶き、溶いたらすぐに揚げる。

(4) 鶏のから揚げに片栗粉を使用すると、しっかりした衣でパリパリ感があり、小麦粉を使用するとやわらかな衣でサクサク感があるから揚げになる。

問 52 じゃがいもの調理に関する記述のうち、誤っているものを選びなさい。

(1) マッシュポテトや粉ふきいもには、粉質の男爵やキタアカリが適している。

(2) 新じゃがいもや冷えたいもでマッシュポテトを作ると、細胞膜が破れやすく糊のようになる。

(3) 生のいもは、空気に触れると褐変するので、切ったら水に入れるとよい。

(4) 皮をむいたじゃがいもの色が褐色に変わるのは、メイラード反応による。

第5回

問 53 「あん」に関する記述のうち、誤っているものを選びなさい。

(1) 「生あん」とは、原料の小豆を煮て、砂糖で甘味をつける前のあんこのこと。

(2) 「つぶしあん」は、豆を煮てつぶし、豆の種皮を除いたもので、一般にあんこと呼ばれるもの。

(3) 「練りあん」は、生あんに砂糖を入れて練ったもの。

(4) 「さらしあん」は、こしあんを水にさらしたあと、脱水して乾燥させたもの。

問 54 魚介類の調理に関する記述のうち、誤っているものを選びなさい。

(1) 魚の持ち味を最もよく生かす加熱法は直火焼きである。

(2) 煮魚は煮汁を少なくし、煮汁が煮立ってから魚を入れる。

(3) 照り焼きは魚臭が弱く、脂肪の少ない魚に向く調理法で、鮮度の落ちた魚にも適している。

(4) 白身魚は、魚肉組織がやわらかく淡泊な味わいを持つので、加熱は最小限にとどめる。

問 55 加熱調理器具に関する記述のうち、誤っているものを選びなさい。

(1) 電子レンジでは、食品中の水分を振動させて生じる摩擦熱により食品内部から加熱される。

(2) 電磁調理器では、コンロ本体が発熱しないため、安全かつ清潔で、室内空気の汚染は少ない。

(3) コンベクションオーブンでの加熱は、マイクロ波を利用した誘電加熱である。

(4) 加熱容器の材質は、熱伝導率と比熱の大きいことが望ましい。

問 56 寒天ゼリーの離漿を起こりにくくする方法として、正しいものを選びなさい。

(1) 寒天濃度の濃いものは、離漿しやすい。

(2) 砂糖を加えて固めると、離漿が起きやすい。

(3) 寒天に果汁や果物を加えるときは、寒天を冷ましてから入れる。

(4) たんぱく質分解酵素を多く含む生のパイナップルを加える。

問 57 鍋の特徴の記述のうち、誤っているものを選びなさい。

(1) アルミニウムは軽くて熱伝導率が低い。

(2) 鉄は熱伝導率が高く、熱容量も大きいので熱が早く伝わり、保温力もある。

(3) 土鍋は温まりにくく、冷めにくい。保温力が強く、空炊きで破損しやすい。

(4) 銅は熱伝導率が高く、熱効率、熱保有率もよい。

食文化概論

問 58 魚醤と国名に関する組み合わせとして、正しいものを選びなさい。

(1) ナムプラー ――――――― フィリピン

(2) ニョクマム ――――――― ベトナム

(3) タクトレイ ――――――― タイ

(4) パティス ――――――― カンボジア

第5回

問 59 食文化に関する記述のうち、正しいものを選びなさい。

(1) 人類の食文化を象徴しているのは、「道具の使用」「火の利用」「食器の使用」という3つの事柄である。

(2) 箸食は、日本で最も早く始まり、やがて中国、東南アジア各国に広まった。

(3) 食物の基本的条件の1つに経済性がある。

(4) 日常の食事は、身辺で手に入る穀物、野菜、魚介類などから構成され、それぞれの地域に生まれた庶民の生活文化の実態を反映している。

問 60 郷土料理とその主材料の組み合わせとして、正しいものを選びなさい。

(1) ずんだ餅————————胡麻

(2) 深川めし————————アサリ

(3) おきゅうと————————いも

(4) きりたんぽ————————魚

第6回 調理師試験問題

試験時間 2時間

（別冊）P.98 〜 99 の解答用紙をコピーしてお使いください。

公衆衛生学

問 1 わが国の衛生統計などに関する記述のうち、誤っているものを選びなさい。

(1) 人口統計として、国民生活基礎調査と人口動態統計がある。

(2) 疾病統計として、感染症統計、食中毒統計、一般疾病統計などがある。

(3) 栄養統計として、国民健康・栄養調査がある。

(4) 食料統計として、食料需給表、作物統計、貿易統計などがある。

問 2 公衆衛生行政と主管する省庁との組み合わせとして、誤っているものを選びなさい。

(1) 一般公衆衛生行政————————厚生労働省

(2) 環境保健行政————————文部科学省

(3) 労働衛生行政————————厚生労働省

(4) 学校保健行政————————文部科学省

問 3 母子保健と学校保健に関する記述のうち、誤っているものを選びなさい。

(1) 母子保健法により、妊娠した者は速やかに妊娠の届出をすることになっている。

(2) 学校保健統計によると、被患率の高い疾病として、虫歯（う歯）や裸眼視力 1.0 未満が挙げられる。

(3) 低出生体重児の届出は、市町村に行う。

(4) 学校給食法における学校給食の目標は、残さず食べることである。

問4 母子保健法に基づく保健対策に関する記述のうち、正しいものを選びなさい。

(1) 教育活動は、妊娠や出産、育児などの知識の普及活動である。

(2) 妊娠届は、都道府県知事に届け出る。

(3) 母子健康手帳は、妊娠の届出を受けた都道府県知事が交付する。

(4) 妊産婦や乳児、幼児への健康診断は都道府県が主体となって実施している。

問5 国際機関の名称に関する記述のうち、正しいものを選びなさい。

(1) FAO は、世界保健機関である。

(2) WHO は、国際連合食糧農業機関である。

(3) ILO は、国際労働機関である。

(4) UNICEF は、国際福祉基金である。

問6 2022（令和4）年における死因順位のうち、正しいものを選びなさい。

(1) 1981（昭和56）年以降、脳血管疾患が死因順位の第1位となっている。

(2) 心疾患は1985（昭和60）年以降、死因順位の第2位となり、その後も増加傾向が続いている。

(3) 老衰は1989（平成元）年から増加傾向になり、死因順位の第3位となっている。

(4) 悪性新生物の部位別死亡率は、男性は大腸がん、女性は肺がんが第1位となっている。

問7 疾病予防の目的に関する記述のうち、誤っているものを選びなさい。

(1) 一次予防は、健康な段階で疾病要因を取り除くこと。

(2) 二次予防は、気づいていない段階での早期発見・早期治療。

(3) 三次予防は、治療後の悪化防止や社会復帰。

(4) 四次予防は、健康の維持・向上のための取り組み。

第6回

問 8 環境衛生に関する記述のうち、正しいものを選びなさい。

(1) 微小粒子物質（PM2.5）とは、粒径 2.5mm 以下の粒子状物質のこと。

(2) 不快指数とは、人間が不快を感じるような体感を、体温と湿度で表した指数のこと。

(3) BOD とは、生物化学的酸素要求量のことで、水質汚染の指標の1つとされる。

(4) COD とは、全酸素消費量のことで、水質汚染の指標の1つとされる。

問 9 飲料水の衛生条件に関する記述のうち、誤っているものを選びなさい。

(1) 無色透明、無味、無臭であること。

(2) pH が、3.0 〜 5.0 であること。

(3) 病原菌を含まないこと。

(4) 有害物質を含まないこと。

食品学

問 10 きのこ類に関する記述のうち、正しいものを選びなさい。

(1) きのこ類に含まれる主要なうま味成分は、グルタミン酸である。

(2) 冬菇は、傘が完全に開いた干ししいたけである。

(3) 市場に多く出回るえのきだけは、天然のものである。

(4) きくらげは、ほかのきのこ類に比べてビタミン D_2 が多く含まれる。

問 11 食用微生物の働きに関する記述について、誤っているものを選びなさい。

(1) 酵母は糖を分解して、アルコールと二酸化炭素を生みだす。

(2) 麹菌は脂質を脂肪酸に分解するプロテアーゼという酵素のみを生成する。

(3) 酢酸菌とは、アルコールを酢酸に変える細菌の総称である。

(4) 乳酸菌とは、糖分を分解して乳酸を主に生成する細菌の総称である。

問 12 食品表示に関する記述のうち、誤っているものを選びなさい。

(1) 食品関連事業者等が、加工食品、生鮮食品または添加物を販売する場合に適用される。

(2) 食品表示基準は、医薬部外品やペットフードにも適用される。

(3) 一般用加工食品には、栄養成分表示が義務付けられている。

(4) 栄養成分表示は、熱量・たんぱく質・脂質・炭水化物・ナトリウム（食塩相当量に換算したもの）について義務付けられている。

問 13 魚類に関する記述のうち、誤っているものを選びなさい。

(1) 魚類のたんぱく質は、獣肉類のたんぱく質と同じように栄養価が優れている。

(2) 魚類の脂質含有量は、魚の種類や季節、部位、天然か養殖かによって大きく異なる。

(3) 魚類の脂質は多価不飽和脂肪酸（高度不飽和脂肪酸）が多く、酸化しにくい。

(4) 魚類の血合肉の割合は、回遊魚に高い。

問 14 酒類に関する記述のうち、正しいものを選びなさい。

(1) ビールは大麦を原料に、ビール酵母を用いて発酵させたものである。

(2) 清酒は米を原料に、乳酸菌を用いて発酵させたものである。

(3) ウイスキーはワインを蒸留したものである。

(4) ブランデーはビールを蒸留したものである。

第 6 回

問 15 食物アレルギーに関する記述のうち、誤っているものを選びなさい。

(1) 店頭で量り売りやバラ売りされる加工品で、その場で包装されるものはアレルギー表示が免除される。

(2) 食品を製造するとき、意図せずにアレルゲンが混入することをコンタミネーションという。

(3) 特定原材料であっても、加工助剤にあたる場合は表示の義務はない。

(4) 食物アレルギー対策の原則は、正しい診断に基づいた必要最小限の原因食品の除去にあり、除去の程度は個別対応である。

栄養学

問 16 多糖類に関する記述の組み合わせとして、正しいものを選びなさい。

(1) グリコーゲン —— 植物の根や種実に含まれ、重要なエネルギー源となっている。

(2) セルロース ——— 動物の筋や腱に含まれる多糖類の1つ。

(3) ペクチン ———— 野菜や果物に含まれ、ジャムやゼリーづくりに重要な働きをする。

(4) デキストリン —— でんぷんの中間分解産物であるが、水に溶けにくく、消化が悪い。

問 17 ライフステージと栄養に関する記述のうち、正しいものを選びなさい。

(1) 母乳は乳児にとって最良のものであり、感染抑制効果を持つ免疫アルブミンが含まれる。

(2) 高齢期の食事では、味覚が鈍くなるので、味付けを濃くしたほうがよい。

(3) 離乳は、通常、生後5～6ヵ月頃から始め、9～12ヵ月頃には完了する。

(4) 幼児期には、3度の食事で必要量を満たすことは難しいため、適切な間食で補う。

問 18 食品のたんぱく質・アミノ酸に関する記述のうち、正しいものを選びなさい。

(1) アミノ酸は大腸で吸収されたのち、血液によって体の各組織に運ばれる。

(2) 体の各組織に運ばれたアミノ酸は、エネルギーの発生に大部分が使われる。

(3) たんぱく質そのものは無味であるが、分解してアミノ酸になるとうま味を生じる。

(4) 一般的に、植物性たんぱく質は動物性たんぱく質よりも栄養価が高い。

問 19 カルシウムに関する記述のうち、正しいものを選びなさい。

(1) 骨や歯は、体内のカルシウム貯蔵庫としても機能している。

(2) 腸で吸収されたカルシウムはリンパ液中に入り、体の組織に運ばれる。

(3) 新しい骨を作るには、脂肪酸やグリコーゲンが必要となる。

(4) 血液中のカルシウム濃度が低下すると骨形成が起き、血中カルシウムが補充される。

問 20 基礎代謝に影響する因子に関する記述のうち、誤っているものを選びなさい。

(1) 体表面積に正比例し、同じ体重では、体表面積が小さいほうが基礎代謝は低い。

(2) 除脂肪体重に正比例し、筋肉などの活性組織が多い人ほど基礎代謝は高い。

(3) 低温環境においては筋肉が弛緩し、熱産生が低下するため、基礎代謝は冬よりも夏が高い。

(4) 男性では 15 ～ 17 歳、女性では 12 ～ 14 歳で最も基礎代謝が高く、一般に加齢にともなって低下していく。

第 **6** 回

問 21 消化酵素に関する記述のうち、正しいものを選びなさい。

(1) たんぱく質は、胃リパーゼによってペプチドに分解される。

(2) 脂質は、アミラーゼにより脂肪酸とグリセロールに分解される。

(3) でんぷんは、唾液アミラーゼによって麦芽糖に分解される。

(4) ショ糖はマルターゼによって分解され、ブドウ糖と果糖を生ずる。

問 22 食事バランスガイドに関する記述のうち、正しいものを選びなさい。

(1) こまは、食事のバランスと家族そろっての食卓によって安定して回転する。

(2) 主食、主菜、副菜の3つに区分し、区分ごとに食べる量を示している。

(3) 1日分の食事の適量は、適量チェックチャートを使って自分に適した量を見極める。

(4) サービング（SV）は1食当たりの食事提供量を示している。

問 23 乳児栄養に関する記述のうち、正しいものを選びなさい。

(1) 母乳栄養児の罹病率が低いのは、母乳に免疫物質が多く含まれるためである。

(2) 母乳と粉ミルクとを併用して育てることを人工栄養という。

(3) 牛乳と母乳とを比較すると、たんぱく質は母乳に多い。

(4) 離乳とは、母乳栄養から人工栄養に切り替えることをいう。

問 24 日本人の食事摂取基準（2020年版）に関する記述のうち、誤っているものを選びなさい。

(1) 50歳以上の年齢区分を50～69歳、70歳以上の2区分とした。

(2) たんぱく質エネルギー産生比率について、50～64歳は14～20％とした。

(3) 1日の食塩の目標摂取量を、成人男性7.5g、成人女性6.5gとした。

(4) 50～64歳の目標とするBMIを20.0～24.9としている。

食品衛生学

問 25 エルシニア・エンテロコリチカに関する記述のうち、正しいものを選びなさい。

(1) アユ、フナ、ウグイなどの淡水魚の内臓や、自然環境中にいる細菌である。
(2) この細菌の発育に適した温度は 25 ～ 30℃ で、10℃ 以下の低温では死滅する。
(3) ノロウイルスと同じように、冬季の食中毒の1つである。
(4) 潜伏期間は2～ 10 時間で、腹痛、下痢、吐き気、嘔吐、発熱、頭痛、咽頭痛などの症状がある。

問 26 アニサキスによる寄生虫症に関する記述のうち、正しいものを選びなさい。

(1) 感染の予防は、魚を－20℃ 以下で24時間の冷凍処理をすることである。
(2) 感染の寄生部位は、皮下組織である。
(3) タラ、サバ、スルメイカに寄生することは少ない。
(4) ヒトに感染するのは、成虫である。

問 27 細菌の形態と食中毒菌の組み合わせとして、誤っているものを選びなさい。

(1) 球菌 ―――――― 黄色ブドウ球菌
(2) 桿菌 ―――――― 腸炎ビブリオ
(3) 球菌 ―――――― 腸管出血性大腸菌
(4) らせん菌 ――――― カンピロバクター

第6回

問28 サルモネラ属菌に関する記述のうち、正しいものを選びなさい。

(1) 潜伏期間は 8 ～ 48 時間で、主な症状は、下痢、腹痛、水様便、吐き気であり、発熱を伴うこともある。

(2) 家畜が汚染源として知られているが、土壌中や河川では生息できない。

(3) 主な原因食品は、サバ、アジ、スルメイカなどの鮮魚介類である。

(4) 芽胞（がほう）を作るので、耐熱性が高い。

問29 食中毒を起こす細菌の増殖に関する記述のうち、正しいものを選びなさい。

(1) 細菌の増殖には、栄養素、温度、水分の 3 条件のいずれかが必要である。

(2) 中温菌は、40 ～ 50℃の温度でよく増殖する。

(3) 偏性嫌気性菌は、酸素がなければ発育できない。

(4) 一般的に中性から弱アルカリ性を好む。

問30 食品の器具・容器包装に関する記述のうち、正しいものを選びなさい。

(1) 食品とは異なり、食品衛生法に基づく規格基準は設定されていない。

(2) 原料や構成成分により溶出物は異なるが、材料別の規格はない。

(3) 陶磁器およびホウロウ製品には、有害金属である銅や、錫（すず）を含むものがある。

(4) 高級クリスタルガラスには鉛が多く含有され溶出する可能性がある。

問31 洗剤の種類とその特徴に関する記述のうち、正しいものを選びなさい。

(1) 次亜塩素酸水は殺菌、漂白などの効果があるが、食品添加物に指定されていないので食品や食器などには使用できない。

(2) 中性洗剤は、冷水や硬水の場合でも洗浄力に優れている。

(3) 逆性石けんは、洗浄力・殺菌力が非常に強い。

(4) 石けんは、洗剤として広く使われているが、軟水に対しては、洗浄力が落ちる欠点がある。

問 32

腸炎ビブリオによる食中毒に関する記述のうち、正しいものを選びなさい。

(1) 食後30分〜5時間以内の短い潜伏期間を経て発病し、吐き気、激しい嘔吐が特徴である。
(2) 汚染源は、土壌や下水、ヒトや動物の腸内などである。
(3) 原因食品はいずしなどで、手足のしびれやめまいなどの神経症状を呈する。
(4) 他の食中毒菌に比べて分裂速度が速く、短時間で中毒量にまで増殖するが、真水の中では増殖できない。

問 33

食品添加物に関する記述のうち、正しいものを選びなさい。

(1) すべての食品添加物は、使用できる食品と添加量が定められている。
(2) 夏季には食品の保存が困難であるため、基準以上に保存料を添加することが認められている。
(3) 食品添加物を使用するときは、正確に計量し、かつ食品中に均一に混和することが大切である。
(4) 食品が食品添加物と見なされることはない。

問 34

食品表示法に基づく食品添加物を使用した食品の表示に関する記述のうち、正しいものを選びなさい。

(1) 既存添加物については、使用しても表示の必要はない。
(2) 栄養強化の目的で使用した食品添加物でも、表示しなければならない。
(3) L-アスコルビン酸ナトリウムは、V.Cと表示してもよい。
(4) 使用した食品添加物は、物質名と用途名を記載しなければならない。

第6回

問 35 消毒に関する記述のうち、正しいものを選びなさい。

(1) アルコールによる消毒には、消毒力の強いメチルアルコールが使用される。

(2) 塩化ベンザルコニウムの水溶液は、逆性石けんと呼ばれており、強力な洗浄力と殺菌力を持つ。

(3) 次亜塩素酸ナトリウムは、野菜などの消毒に用いられるが、付着している寄生虫卵を死滅させることはできない。

(4) 消毒とは、感染症や食中毒の危険をなくすため、すべての微生物を死滅させることをいう。

問 36 微生物に関する記述のうち、正しいものを選びなさい。

(1) 衛生微生物とは、ヒトや動物の体内に侵入して病原性を発揮する微生物を総称していう。

(2) ウイルスは、細菌と比べて極めて小さいので、食中毒を引き起こすことはない。

(3) 多核の菌糸体を作って増殖する真菌を酵母と呼び、単細胞の真菌をカビと呼ぶ。

(4) 寄生虫であるトキソプラズマの終宿主は、ネズミである。

問 37 HACCP に関する記述のうち、誤っているものを選びなさい。

(1) HACCP による衛生管理は、各原料の受け入れから製造、製品の出荷までのすべての工程において行われる。

(2) 大量調理施設衛生管理マニュアルは、HACCP の概念に基づき作成されている。

(3) HACCP に関連する記録を文書として残すことは求められていない。

(4) HACCP を実施するためには、一般的な衛生管理プログラムが実行されていることが重要である。

問38 食品の規格・基準・期限表示に関する記述のうち、正しいものを選びなさい。

(1) 規格とは、製造・加工・保存などの取り扱い方法の最低条件を示したものである。

(2) 基準とは、食品や添加物などの純度や成分など、品質に関することである。

(3) 消費期限の表示は、劣化速度の速い包装済みの加工食品が対象である。記載が不要なものは原則としてない。

(4) 賞味期限の表示は、劣化速度が比較的緩慢な包装済みの加工食品が対象である。記載が不要なものは原則としてない。

問39 疾病と感染経路に関する記述のうち、正しいものを選びなさい。

(1) 赤痢、腸チフス、コレラなどは、経皮感染である。

(2) 結核、インフルエンザ、ジフテリアなどは、経気道感染である。

(3) 破傷風、狂犬病、日本脳炎などは、経口感染である。

(4) エイズは、患者のせきやくしゃみ、握手や抱擁などで感染する。

調理理論

問40 次の記述のうち、(A)(B)に入る語句の組み合わせとして、正しいものを選びなさい。

洗う、切る、つぶすといった非加熱調理操作は、主として調理の下ごしらえとしての操作で、(A)で食品の(B)などを変化させる方法である。

	A	B
(1)	化学的方法	テクスチャー
(2)	化学的方法	栄養価
(3)	物理的方法	テクスチャー
(4)	物理的方法	栄養価

第6回

「ゆでる」調理操作に関する組み合わせとして、正しいものを選びなさい。

(1) いも類・豆類—————————水から——かん水を加える

(2) 野菜類（緑黄色野菜）———熱湯———食塩を加える

(3) 甲殻類（エビ・カニ類）——水から——食塩を加える

(4) めん類（パスタなど）———熱湯———重曹を加える

油脂の酸化に関する記述のうち、正しいものを選びなさい。

(1) 酸化に対して影響が最も大きいのは、空気中の二酸化炭素である。

(2) 油脂の酸化速度は、温度が高いほど大きくなる。

(3) 飽和脂肪酸の多い油脂は酸化されやすい。

(4) 太陽光線は酸化を促進するが、蛍光灯の光線は影響がない。

たんぱく質の変性とその調理例の組み合わせとして、正しいものを選びなさい。

(1) 熱凝固—————————フグの煮こごり

(2) 起泡（きほう）—————————パン

(3) 酸変性—————————ゼラチン、ゼリー

(4) 酵素による凝固——チーズ

問
44 肉の軟化法に関する記述のうち、誤っているものを選びなさい。

(1) 食酢や食塩などで、肉の保水性を高めてやわらかくする。

(2) 肉たたきでたたき伸ばして、筋線維の細胞間の結合をほぐす。

(3) しょうが、なし、キウイフルーツなどが持っている酵素力を利用する。

(4) ジャカードにより、肉の筋を除去することで軟化させる。

問
45 食酢に関する記述のうち、誤っているものを選びなさい。

(1) 酸の効果により、魚臭の抑制をする。

(2) ポリフェノールオキシダーゼの働きを弱めるため、褐変が防止できる。

(3) たんぱく質は加熱すると凝固するが、酢はこの働きを抑制することができる。

(4) 酵素ミロシナーゼの働きを弱めるため、大根おろしの辛味を弱める。

問
46 調理の目的に関する記述のうち、誤っているものを選びなさい。

(1) 調理とは、各種の食品材料に処理をほどこして、摂取可能な「食物」に作り変えることである。

(2) 調理の目的は食品の栄養価ならびに安全性を向上させ、おいしい食べ物に仕上げることである。

(3) 調理には、昔から経験的に行われてきた方法が、調理のコツとして受け継がれている。

(4) 野菜は切ったり、すりおろしたり、加熱することで酵素作用が不活性になり、人間が本来持っている消化・吸収能を阻害している。

第**6**回

問47 食品の色の変化に関する記述のうち、誤っているものを選びなさい。

(1) 食品の色の変化には、食品に含まれる色素以外によるものもある。

(2) 野菜や果物を切ったり、すりおろしたりすると、酵素が作用して褐色になることがある。

(3) じゃがいもを加熱後、空気中に放置すると非酵素的褐変で色が黒ずむ。

(4) 野菜や果物に含まれる物質が、プロテアーゼという酵素の作用を受けて褐変する。

問48 炊飯における加熱過程に関する記述のうち、誤っているものを選びなさい。

(1) 加熱過程は、温度上昇期、沸騰継続期、蒸し煮期に分類できる。

(2) 温度上昇期に、沸点までの時間が短いとやわらかい飯になってしまう。

(3) 沸騰継続期・蒸し煮期には、98℃以上の温度を20分程度保つ必要がある。

(4) 蒸らし期は、火を止めたあと、ふたを開けずに10～15分そのままにする。

問49 天然色素に関する記述のうち、誤っているものを選びなさい。

(1) クロロフィルは野菜に含まれる緑色の水溶性の色素で、光、酸や加熱により退色する。

(2) カロテノイドは緑黄色野菜やかんきつ類に含まれる橙色の色素で、一部は体内でビタミンAに変化する。

(3) アントシアニンは野菜や果物の赤、青、紫の色素で、酸性で赤色、アルカリ性で青色、中性で紫色になる。

(4) ミオグロビンは肉や赤身の魚の色で、加熱によりメトミオグロモーゲンとなり、灰褐色に変わる。

問 50 加熱による肉の変化とその理由の組み合わせとして、正しいものを選びなさい。

(1) かたくなる―――――――――――たんぱく質が分解し、水を保持できなくなり、水分が分離するため。

(2) 長時間の加熱でやわらかくなる――コラーゲンが熱により変性し、ゼラチン化するため。

(3) 肉汁が浸出する――――――――――肉に含まれるカルシウムが、筋線維の熱収縮を促進するため。

(4) うま味が増加する――――――――グリコーゲンが分解してブドウ糖になったため。

問 51 牛乳の調理変化に関する記述のうち、誤っているものを選びなさい。

(1) 酸や塩類などの影響を受け、牛乳たんぱく質のカゼインが凝固して、料理の口当たりを悪くすることがある。

(2) 65℃以上に加熱すると、表面に薄い膜を生じて見た目や口当たりを悪くする。

(3) 75℃以上で加熱し続けると加熱臭を生じる。

(4) 撹拌しながら加熱すると、表面張力が上昇し泡立ちやすくなる。

問52 野菜の切り方図と切り方名に関する組み合わせとして、正しいものを選びなさい。

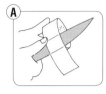   

	A	B	C	D
(1)	六方むき	乱切り	桂むき	千六本
(2)	桂むき	千六本	六方むき	乱切り
(3)	六方むき	千六本	桂むき	乱切り
(4)	桂むき	乱切り	六方むき	千六本

問53 食品の冷凍に関する記述のうち、正しいものを選びなさい。

(1) −18℃以下の温度帯では、ほとんどの菌類や酵素が働くことはない。

(2) 冷凍食品を氷温解凍した場合には、再度冷凍しても食品がダメージを受けることはない。

(3) 青菜や根菜類などの多くの野菜は、そのまま冷凍しても食感の大きな変化や変色はない。

(4) −10℃〜−15℃を最大氷結晶生成温度帯といい、この温度帯を速やかに通過させることで、氷の結晶を小さくすることができる。

問54 バターの特性に関する記述のうち、正しいものを選びなさい。

(1) 融点が高いため、体温では溶けず口の中で固まったような状態となる。

(2) クリーミング性があり、小麦粉製品にもろさを与える。

(3) バターを攪拌すると空気を抱き込む性質があるが、これをクリーミング性という。

(4) 他の油脂に比べて味や香りが劣るため、バターを添加した食品はほとんどない。

問 55 油脂に関する記述のうち、誤っているものを選びなさい。

(1) 動物性脂肪の融点は、構成する脂肪酸組成によって異なる。

(2) バターの融点は低く、口中で軟化する。

(3) 牛脂（ヘット）の融点は高く、冷めると口中で軟化しにくい。

(4) 豚脂（ラード）の融点は高く、口中で軟化しにくい。

問 56 非加熱調理操作に関する記述のうち、正しいものを選びなさい。

(1) わさびは目の粗いおろし器でおろすと、辛さが増す。

(2) 新鮮な卵の卵白は泡立てやすいが、不安定な泡である。

(3) 生クリームは、冷やしながら泡立てると安定した泡が得られる。

(4) 餃子の皮は、小麦粉を冷水でこねると皮が破れにくい。

問 57 調理および保存システムに関する記述のうち、誤っているものを選びなさい。

(1) クックチルとは、調理加工後、冷水または冷風で急速冷却（90分以内に中心温度3℃以下に冷却）を行い、チルド温度帯で運搬・保管し、提供時に再加熱する調理法である。

(2) クックフリーズとは、調理加工後、急速冷凍（90分以内に中心温度－5℃以下に冷凍）を行い、－18℃の冷凍温度帯で運搬・保管し、提供時に再加熱する調理法である。

(3) クックサーブとは、調理加工後、運搬・保管のための冷凍または冷蔵は行わず、大量調理施設衛生管理マニュアルに定められた温度帯で運搬・保管し、速やかに提供することを前提とした調理法である。

(4) 真空調理とは、調理加工後、真空パックし、急速に冷却または凍結して、冷蔵または冷凍で運搬・保管し、提供時に再加熱する調理法である。

第6回

食文化概論

問 58 現代（終戦以降）の日本の食文化に関する記述のうち、誤っているものを選びなさい。

(1) 1950（昭和25）年頃から食糧に関する統制が撤廃され、食料事情が改善し始める。

(2) 学校給食が全国で実施されるようになり、電気冷蔵庫や電気釜といった家電製品が普及した。

(3) 1990年代にはファミリーレストラン、ファストフード店などの外食産業も出現した。

(4) 近年は飽食の時代を迎え、食と生活習慣病との関連がとりざたされるようになった。

問 59 次の記述のうち、誤っているものを選びなさい。

(1) 稲作作業の節目ごとに行われる祭りの儀式・神事の機会を「ハレ」、それ以外を「ケ」といい、ケの日には品数も少ない質素な食事をしていた。

(2) イタリアで始められたスローフード運動は、生活の質を再発見しようとして生まれた考え方が基になっている。

(3) ビーガンは完全菜食主義であり、ベジタリアンには乳類はとってよい、卵と乳はとってもよいといった主義もある。

(4) ハラールフードは豚肉とアルコールを禁じているが、微量のアルコールを含む調味料や豚肉を原料にしたブイヨンなどは禁じてはいない。

問 60 次の組み合わせとして、誤っているものを選びなさい。

(1) スカンジナビア料理 ―――― シュラスコ

(2) ロシア料理 ―――――――― ボルシチ

(3) メキシコ料理 ――――――― チリ（唐辛子）を使用するので辛い料理が多く、タコスは有名

(4) エジプト料理 ――――――― モロヘイヤ、クスクス（小麦粉を粒状にしたパスタ）料理

●編著者紹介

法月 光（のりづき・ひかる）

管理栄養士、調理師、調理師専門学校専任教員

椎名 治（しいな・おさむ）

元東京都食品衛生監視員、調理師専門学校講師

本書に関する最新情報は、下記の URL をご覧下さい。

https://www.seibidoshuppan.co.jp/support

※上記URLに記載されていない箇所で正誤についてお気づきの場合は、書名・発行日・質問事項（ページ数、問題番号等）・氏名・郵便番号・住所・FAX 番号を明記の上、郵送か FAX で成美堂出版までお問い合わせ下さい。

※電話でのお問い合わせはお受けできません。

※ご質問到着確認後10日前後に回答を普通郵便またはFAXで発送いたします。

※ご質問の受付期限は、2024 年 12 月までの各試験日の10日前必着といたします。

本試験型 調理師資格試験問題集 '24年版

2024年2月10日発行

編　著　法月 光 _{のりづき ひかる}

発行者　深見公子

発行所　成美堂出版

　　　　〒162-8445　東京都新宿区新小川町1-7

　　　　電話(03)5206-8151　FAX(03)5206-8159

印　刷　壮光舎印刷株式会社

別冊

本試験型
調理師
資格試験問題集

'24年版

解答・解説編

別冊
解答・解説編

※矢印の方向に引くと
　解答・解説編が切り離せます。

成美堂出版

解答と解説

公衆衛生学

問 1 正解 （3）
地域保健法に定められている保健所の業務には、結核予防、母子保健、歯科衛生、精神衛生などもある。(3)は労働基準法に関する事項で、女性労働者や年少者（満18歳未満の者）には就労制限を設けている。

問 2 正解 （4）
(1)(2) 出生率は低下傾向。令和3年は6.6、令和4年は6.3（概数）と低下しており、国際的に低水準にある。

(3) 死亡率は人口1,000人に対する死亡数で、令和4年には12.9となり、前年の11.7より上昇している。

問 3 正解 （4）
(1) は人口動態統計。
(2) 5年ごとは国勢調査。**国民生活基礎調査**は、毎年行われる保健・医療・福祉・年金・所得などの調査で、**3年に1回「大規模調査」**と呼ばれる調査が実施される。
(3) 人口動態統計は、1年を通じて厚生労働省が集計・公表を行うもので、出生・死亡・死産・婚姻・離婚の集計。
主な人口動態統計は下の囲みを参照。

●**主な人口動態統計**

$$出生率 = \frac{1年間の出生数}{10月1日現在日本人人口} \times 1000$$

$$死亡率 = \frac{1年間の死亡数}{10月1日現在日本人人口} \times 1000$$

$$乳児死亡率 = \frac{1年間の乳児死亡数}{年間出生数} \times 1000$$

合計特殊出生率＝1人の女性が一生で産む子どもの数の平均。2.07～2.08以下で人口は減少するとされ、日本は1.26（2022年時点）。

(1) 大腸菌は検出されてはならない。

(2) 蛇口での残留塩素濃度を0.1mg/L以上を保持することとなっている。

(3) 一般細菌は100個/mL以下であること。

(4) トリハロメタンとは水源に含まれる有機物と、浄水場で消毒のための塩素が反応してできる物質で**消毒副生産物**と呼ばれる。クロロホルム・ブロモホルム・ジブロモクロロメタン・ブロモジクロロメタンの総称。水道水は法律で基準値が決められている。安全性を維持するためには水道水のトリハロメタンを完全に除去することは難しい。

(2) 食育推進基本計画の作成および推進に関する事務を担っているのは**農林水産省**。

平成17年に食育基本法が制定され、10年間内閣府でその活動を担ってきたが、平成28年4月に内閣府から農林水産省に移管された。

食育基本法の目的などは下の表を参照。

●食育基本法の目的・内容

食育推進の目標	①栄養バランスに配慮した食生活の実践 ②産地や生産者への意識 ③学校給食での地場産物を活用した取り組みなどの増加 ④環境に配慮した農林水産物・食品の選択 ⑤食育に関心をもっている国民を増やす ⑥朝食または夕食を家族と一緒に食べる「共食」の回数を増やす ⑦朝食を欠食する国民を減らす　など
推進する内容	①家庭における食育の推進 ②学校、保育所などにおける食育の推進 ③地域における食育の推進 ④食育推進運動の展開 ⑤生産者と消費者との交流促進、環境と調和のとれた農林漁業の活性化など ⑥食文化の継承のための活動への支援など ⑦食品の安全性、栄養その他の食生活に関する調査、研究、情報の提供及び国際交流の推進

問6 **正解** （4）

(1) 温室効果ガスには**二酸化炭素（炭酸ガス）**、**メタン**、**亜酸化窒素**、**フロン**などがある。地球温暖化の原因とされている。

(2) **オゾン層の破壊**により地表に達する**紫外線が増加**し、人体に害を与えていると憂慮されている。

(3) 熱帯林の減少は地球規模の環境課題とされている。発展途上国の人口の急増や先進国の木材輸入、アブラヤシのプランテーションの拡大などが原因とされる。

(4) **酸性雨**は、二酸化硫黄や二酸化窒素などの大気汚染物質が雨などに取り込まれてできるとされる。雨の pH が 5.6 以下のとき酸性雨という。

問7 **正解** （1）

(1) 内分泌かく乱物質の原因となっているのは化学物質で、殺菌剤や農薬などがあげられている。

(2)(4) **体内の正常な働きをするホルモンの作用**を壊すことで、さまざまな異常を引き起こすとされている。

(3) ダイオキシン類は**塩化プラスチック系の物質が燃焼する**際、有機物と反応して発生する場合が多い。ごみ焼却土壌や河川の底泥に堆積することで、食物連鎖を通じて人体をも汚染する。

●内分泌かく乱物質とされる主な物質

ビスフェノールA	プラスチックの原材料
有機スズ	船底の塗料
ダイオキシン類	除草剤や工業化学品の不純物
フタル酸エステル	溶媒、香料など
ノニルフェノール	工業用の洗浄剤

問8 **正解** （3）

調理師法施行令により、本籍地の変更や結婚・養子縁組などで氏名に変更があった場合には、**30日以内**に免許の交付を受けた**都道府県知事**に対して名簿の訂正をしなければならないとされている。

問9 **正解** （2）

浮遊粒子状物質（SPM）とは大気中にただよう粒子状物質であって、その粒径が $10\,\mu m$ 以下のものの総称で一次粒子と二次生成粒子がある。ぜん息様の病態やアレルギー疾患との関連が指摘されている。

(1) 挙げられた物質のほかに、水蒸気や一酸化二窒素といったものもある。

食品学

問10　正解　（1）

βクリプトキサンチンは天然に存在する**カロテノイド色素**（下の表参照）の一つで、温州みかん、パパイヤ、柿、トウモロコシなどに含まれ、体内で必要に応じてビタミンＡに変換される。フコキサンチンは褐藻類（コンブ・ワカメ・ヒジキなど）に含まれるカロテノイド色素の一種で、**抗酸化作用**があると言われる。

問11　正解　（1）

フード・マイレージとは「**食料の輸送距離**」という意味で、食料の輸送に伴い排出される二酸化炭素が、地球環境に与える負荷に着目したもの。日本は、このフード・マイレージが高い国として知られている。**フード・マイレージ（単位：t・km）＝食料の輸送量（t）× 輸送距離（km）**となる。

問12　正解　（3）

グルテンは**小麦粉に水を加えてこね**ることでできる成分のことで麩質とも言われる。小麦に含まれるたんぱく質「グルテニン」と「グリアジン」が絡み合ってできたもので、グリアジンは粘性があり、グルテニンには弾性があり、グルテンはこの二つの性質を兼ね備えている。**グルテン含有量により強力粉・中力粉・薄力粉と分類される**（次ページの表参照）。

問13　正解　（3）

（3）リボフラビンは、**ビタミンB₂、ラクトフラビン**と呼ばれる水溶性ビタミン。魚皮黒色部などに存在している。赤身の魚には赤い筋肉色素たんぱく質のミオグロビンが多く含まれる。**ミオグロビン**は酸素を取り込んで筋肉に蓄える役目を果たしており、赤身魚はこの酸素を使ってエネルギーを生み出している。

問14　正解　（3）

（1）乳製品とはクリーム、バター、バターオイル、チーズ、濃縮ホエイ、

●**主な天然色素**

色素名	色	代表的な食品
カロテノイド系	だいだい	にんじん、かぼちゃ、エビ、カニ、卵黄
クロロフィル系	緑	緑黄色野菜、海藻、枝豆
ミオグロビン	赤	肉、赤身の魚
フラボノイド系	黄〜白	小麦、れんこん、ごぼう、大豆、果物
アントシアニン色素	赤〜紫、青	ブルーベリー、いちご、赤しそ、なす、黒豆、果物

●小麦粉の種類

分類	たんぱく質量	用　途	小麦品種と産地
強力粉	11.5 ～ 13.0％	パン・パスタ	ウェスタンレッドスプリング（カナダ） ダークノーザンスプリング（アメリカ） ハードレッドウィンター　（アメリカ）
準強力粉	10.5 ～ 12.5％	中華麺・パン	ハードレッドウィンター（アメリカ）
中力粉	8.0 ～ 10.5％	うどん・餃子の皮	国産普通小麦、スタンダードホワイト（オーストラリア）
薄力粉	7.0 ～ 9.0％	ケーキ・天ぷら、調理一般	ウェスタンホワイト（アメリカ）

アイスクリーム類などであり、**マーガリンは含まれない**。
(2)(3) 乳飲料は生乳に**乳製品以外のもの**（ビタミン・コーヒー・果汁など）を加えたもの。**カルシウムや鉄を加えたもの**は栄養強化タイプの乳飲料。
(4) 乳脂肪分を 0.5％以下にしたもの

が無脂肪牛乳。

問15 　**正解　（2）**
(1) 卵黄の完全凝固温度は卵白のそれよりも低い。
(2) 卵白に含まれる**リゾチーム**というたんぱく質は、菌体を溶かす作用がある（殺菌作用）。

●卵の鮮度判定法

判定法	手法	目安値
ハウユニット	濃厚卵白の水様化を示す指標で、世界的に用いられる。	新鮮卵 80 ～ 90。 60 以下で鮮度低下。
卵黄係数	卵黄の高さを、卵黄の長径と短径の平均で割る。	新鮮卵 0.41 ～ 0.45。 0.25 以下で鮮度低下。
濃厚卵白率	全卵白に対する濃厚卵白の重量百分率。	新鮮卵 60％。 古くなると低下する。
卵白 pH	卵白の pH 測定。	pH7.5。 貯蔵卵 pH9.5。
塩水比重法	10％または 11％の食塩水に入れる。	新鮮卵は横になり沈む。 古くなると浮く。
卵白係数	濃厚卵白の高さを平均直径で割る。	新鮮卵 0.14 ～ 0.17。 古くなると低下する。

(3) マヨネーズは卵黄中のリン脂質である**レシチン**の働きによる。

(4) 卵にはビタミンCが含まれていない。

卵の鮮度については、前のページの表を参照。

栄 養 学

問 16　正解　(2)

(2) 脂肪酸は一般的に直鎖構造をしており、偶数個の炭素からなる。炭素数は偶数個の14〜20までのものが多く、炭素数の違いにより、**短鎖脂肪酸**（炭素数4、6）、**中鎖脂肪酸**（炭素数8、10）と**長鎖脂肪酸**（炭素数12以上）に分けられる。

問 17　正解　(2)

食品たんぱく質に不足するアミノ酸がある場合でも、**そのアミノ酸を別の食品から補う**ことができれば、食品たんぱく質の栄養価を改善することができる。この効果を**補足効果**という。肉類にはバリンやトリプトファンも多く含まれており、**補足効果が高い**。

問 18　正解　(4)

(1) **生体内のマグネシウムは、60％が骨や歯に含まれ、残りは筋肉や**脳、神経に存在している。

(2) **テアニンは茶に多量に含まれるアミノ酸の一種で**、吸収を阻害するのはタンニンというポリフェノール。

(3) 高カリウム血症は腎臓からの排泄不全、カリウムの過剰摂取などがある、過剰摂取は腎臓の負担になるが、胃がんの発生要因とはならない。

問 19　正解　(4)

ビタミンB₂は皮膚や粘膜の機能を正常に保つことに関係しているので、不足すると口内炎、口角炎、舌炎などを起こす。**ビタミンB₁は糖質代謝に欠かせない栄養素**で、B₁が欠乏すると糖質がスムーズにエネルギーに変換されなくなり、脳・神経の働きにも影響して脚気などの欠乏症を生じる。

問 20　正解　(1)

消化によって小分子に分解された栄養素（単糖類、アミノ酸、ミネラル）は小腸粘膜で吸収される。水溶性ビタミンなどの水溶性成分や水と親和性のある短鎖・中鎖脂肪酸は**毛細血管**から門脈へ移行し肝臓に運ばれる。長鎖脂肪酸やグリセロール、コレステロールや脂溶性ビタミンは共に**リンパ管**に移動し、胸管を経て大動脈に入り全身に運ばれる。

問 21 **正解** **(4)**

脂質異常症とは、**コレステロールや中性脂肪など血液中の脂肪分が多すぎたり、少なすぎたりする状態**をいう。血液中の脂肪分が多すぎたり、少なすぎたりすることで動脈硬化が起こり脳梗塞などになりやすくなる。飽和脂肪酸を多く含む動物性脂質は控えめに、魚油に含まれる不飽和脂肪酸（DHA や EPA が豊富な青魚）を多めに摂るようにする。

問 22 **正解** **(2)**

(1) 乳児栄養では、母乳で授乳を行う場合を**母乳栄養**、母乳以外の乳児用調製粉乳（粉ミルク）などだけで授乳を行う場合を**人工栄養**という。また、母乳と乳児用調製粉乳とを併用する場合を**混合栄養**という。

(2) つわりは通常妊娠 4 ～ 16 週目くらいに起こる、吐き気や嘔吐などのさまざまな症状のこと。**起こる時期や症状には個人差**がある。

(3) 乳幼児期は、成長・発育が目覚ましい時期であり、**良質なたんぱく質やカルシウム、ビタミンの摂取**を心がける。

(4) 葉酸はビタミン B 群の一種で、**妊娠初期の細胞分裂の際に遺伝子情報を伝える**ために必要。不足すると**先天異常**が起こる可能性がある。

問 23 **正解** **(3)**

(1) 30 ～ 59 歳の日本人男女 5000 人を対象とした健康診断の結果、BMI22 の人々が最も異常値が少なかったことから、**BMI22 が健康被害の危険性が最も低い**とされ、標準体重となっている。

(2) 肥満のタイプは**内臓脂肪型肥満**と**皮下脂肪型肥満**に分けられ、**内臓脂肪型肥満のほうが生活習慣病を発症するリスクが高い**。

(4) 減量は、月に 5 ％程度を目安とする。

問 24 **正解** **(2)**

(2) 健康な個人ならびに集団とし、高血圧、脂質異常、高血糖、腎機能低下に関して保健指導レベルにある者を対象に、国民の健康の保持・増進、生活習慣病予防を目的として、エネルギーおよび各栄養素の摂取量の基準を示したものは**日本人の食事摂取基準**である。**食生活指針**は、食事摂取基準の数値的な基準を実践的な指針に置き換えたもの。

食品衛生学

問 25　正解　(2)

魚では、内臓の寄生虫が筋肉に移行することがあるので、**鮮魚の内臓は、なるべく早く取り除く。**食中毒の病因物質別事件数 1 位の**アニサキス**の幼虫は主に内臓の表面に寄生しているが、鮮度の低下や時間の経過とともに筋肉内へ移動する。

問 26　正解　(2)

(2) イシナギの肝臓には大量のビタミン A が含まれており、肝臓を食べると急性のビタミン A 過剰症による食中毒を起こす。イシナギの肉は食用となり販売できるが、肝臓は 1960 年に食用禁止となっている。

(3) シガテラとは、熱帯・亜熱帯のサンゴ礁の周辺に生息する魚によって起こる食中毒の総称。中毒の原因はシガトキシンなどの天然毒。シガテラ毒の毒成分は、加熱しても壊れないし冷凍しても減らない。魚の鮮度とは関係ない。

(4) スイセンにはリコリン、ガランタミンといった毒がある。

問 27　正解　(1)

(1) 季節的には夏季とは反対の、**寒い季節**に多発する。

(2) **中心温度 85 ～ 90 ℃、90 秒間以上の加熱**で感染性はなくなる。

(3) 汚染食品からの経口感染やヒトからヒトへの直接感染に加え、飛沫感染もある。

(4) 不活性化にはアルコール消毒では効果が薄く、**次亜塩素酸**などの**塩素系の消毒薬や漂白剤が有効**である。

●感染経路

感染経路は、体のどこを通るかで、以下の 3 つに分けることができる。

経路	感染法
経口感染	口を経由する感染。病原体に汚染された食品や水を飲食することで感染する。
経気道感染	気道を経る感染。空気中にただよう病原体を持ったちり・ほこり、くしゃみなどの飛沫を吸い込んで感染する。
経皮感染	傷口から病原体が入る、保菌動物に刺される・かまれるなど、皮膚や粘膜を通して感染する。

問 28　正解　(2)

(2) **指定添加物**とは、食品衛生法第 12 条に基づき、**厚生労働大臣**が使用してよいと定めた食品添加物。この指定の内容には、化学的合成品だけでなく、天然物も含まれる。

(3) 硫酸カルシウム・グルコノデルタラクトン・塩化カルシウムも豆腐の凝固剤として使われている。

問 29 **正解 （2）**

オゾン水による殺菌は、**溶菌**と呼ばれ、オゾン自体が分解時に発生する酸素原子の強力な酸化力で細胞の細胞壁たんぱく質を破壊、または分解することで起こる。含まれるオゾンは、時間と共にすぐ酸素に変わってしまい、ただの水になる。**すぐに酸素に戻るので残留性はなく、カット野菜の殺菌に適している。**

問 30 **正解 （1）**

真菌とは「カビ」の総称。死体や老廃物などの有機物を分解して自身の栄養にしている。抗生物質のように健康に役立つものもあれば、食品に混入するカビ毒のように健康を脅かす

ものもある。大腸菌は桿菌の一つで、腸内細菌の一種でもある。HIV（ヒト免疫不全ウイルス）はエイズの原因になるウイルス。

問 31 **正解 （3）**

(1) セレウス菌は土壌細菌の1つで、土壌、水、ほこりなどに存在する芽胞形成菌。食品中で増殖するとセレウリド、小腸内で増殖するときはエンテロトキシン（腸管に作用して生体内に異常反応を起こす毒素の総称）などの毒素を作るが、この菌による食中毒は、毒素の違いにより「**嘔吐型（セレウリド）**」と「**下痢型（エンテロトキシン）**」の2つのタイプに分類される。

●原因物質による食中毒の特徴

細菌性食中毒	感染型	感染侵入型	サルモネラ属菌、カンピロバクター、エルシニア・エンテロコリチカなど。
		感染毒素型	腸炎ビブリオ、ウェルシュ菌、腸管出血性大腸菌（VT産生）、セレウス菌（下痢型）など。
	食品内毒素型		黄色ブドウ球菌、ボツリヌス菌、セレウス菌（嘔吐型）など。
ウイルス性食中毒			ノロウイルス、A型肝炎ウイルス、その他
寄生虫食中毒			アニサキス、クドア、サルコシスティス、旋毛虫、旋尾線虫、顎口虫、その他の寄生虫。
自然毒食中毒	動物性		フグ、シガテラ中毒、イシナギ中毒、貝類中毒など。
	植物性		きのこ、じゃがいも、チョウセンアサガオ、青梅、五色豆など。
化学性食中毒			ヒスタミン、水銀・ヒ素・銅・亜鉛などの有害化学物質など。

(2)(3)「嘔吐型」は熱に強く、「下痢型」は熱に弱い。日本での発生は「嘔吐型」がほとんどで、原因食品はチャーハン、焼きそば、スパゲティなど。

(4) 一度に大量の米飯やめん類を調理する場合、作り置きをしないこと、小分けにして速やかに**低温保存**（10℃以下）することなどが予防のポイント。嘔吐型の潜伏期間は30分〜6時間、下痢型は8〜16時間。

問32　正解　(3)

放射性セシウムは、原発事故で大気中に放出された。飲料水の基準値は10Bq/kg。

問33　正解　(3)

(1) 食品中の水分には微生物が利用できる**自由水**と利用できない**結合水**とがあり、自由水の割合を示すのが**水分活性**である。

(2) ジャムは水分は多いが、糖分が自由水を奪い取るため、自由水が減少する。

(3) 木のチップや煙で燻す燻製なども水分活性を低下させる保存法となる。

問34　正解　(3)

食品の微生物による**腐敗・変敗とは可食性を失う現象**。細菌は温度・水分・栄養分の3条件が生育に最適な条件になると爆発的に増殖する。

問35　正解　(3)

分散作用とは、水になじまない物質を水中に散らばらせる作用。汚れを落としたあと、落とした汚れが再度つかないようにする作用は、再汚染防止作用という。**陰イオン界面活性剤や石けん、非イオン界面活性剤、両性イオン界面活性剤**が使用されている。この他、陽イオン界面活性剤があるが、洗浄力がなく、殺菌剤として使用されている。

●界面活性剤の作用

①表面張力を小さくして、汚れが付着している物質に浸透させる浸透作用

②油脂と水を一体化させる乳化作用

③汚れ内部に入り込み、汚れを細かくする可溶化作用

④汚れを落としたあと、落とした汚れが再度つかないようにする再汚染防止作用

⑤水になじまない物質を水中に散らばらせる分散作用

問36 正解 （3）

普通の石けんは陰イオンなのに対して、逆性石けんは陽イオン。つまり、普通の石けんはアルカリ性なのに対して、逆性石けんは酸性である。皮膚への刺激性やにおいがほとんどない。普通の石けんで手を洗った後にすすぎ残しがあると逆性石けんが中和されて効果を十分に発揮できなくなる。また、汚れなど有機物の影響により効力が低下する。

問37 正解 （1）

食品のうち、「加工食品」と「添加物」に該当しないものが生鮮食品に該当する。生鮮食品には名称、原産地の表示義務がある。また、一定の条件を満たした場合の義務表示には、放射線照射、特定保健用食品、遺伝子組換え農作物、機能性表示食品などがある。

問38 正解 （2）

特定原材料として表示が義務付けられている食品は、**そば・落花生・乳・卵・小麦・カニ・エビの「特定原材料」7品目**。表示義務はないが表示が推奨される「特定原材料に準ずるもの」として21品目がある。
2025年4月から**「くるみ」が表示義務化**され、完全施行される、したがって「特定原材料」は8品目に、「特

定原材料に準ずるもの」は「くるみ」を除いて20品目になる。

●アレルゲンの表示

特定原材料	卵、乳、小麦、そば、落花生、えび、かに
特定原材料に準じるもの	オレンジ、りんご、キウイフルーツ、バナナ、もも、大豆、まつたけ、やまいも、牛肉、鶏肉、豚肉、あわび、いか、いくら、さけ、さば、ゼラチン、ごま、カシューナッツ、アーモンド、くるみ

＊2025年4月からは「くるみ」が特定原材料となり、表示が義務づけられる。

問39 正解 （4）

(4) 病原体で汚染された食物や飲料水を摂取することによる感染や、汚染器物や血液製剤などを通しての感染は、**間接接触感染**である。

調理理論

問40 正解 （3）

蒸し物調理の特徴は、形くずれが少ない、煮る操作より栄養素の損失が小さい、煮る操作より水溶性成分の溶出が少ない、材料の特徴を失わずに中心部まで加熱ができる、など。

| 問 41 | 正解 | （2） |

液体の対流による加熱という点では煮物に似ているが、100℃以上の高温で加熱ができるという点で焼き物にも似ている。焼く操作に比べ、食品全体を一気に加熱できる。

| 問 42 | 正解 | （3） |

(1) でんぷんは多くのブドウ糖からなる多糖類で、米・小麦・大麦などの穀類や、いも類に多く含まれる。

(2) でんぷんに水と熱を加えると、でんぷんの分子構造がゆるんで大きく**膨らみ（膨化）、粘性を持つ**。これを**糊化・α化**といい、糊化したでんぷんを**糊化でんぷん**という。

(3) 汁やソースにとろみをつけるには、1〜4％濃度にする。形のあるゲルにするときは8〜10％の濃度にする。

(4) でんぷんをつなぎとして加えることにより、固まりにくいものを固めたりする。

| 問 43 | 正解 | （2） |

(1) ペクチン質は多くの植物に含まれ、**野菜や果実のかたさ**に関係している（右上の表を参照）。

(2) 果実が熟してくると、不溶性のペクチンが酵素により分解され、水溶性のペクチンに変化してやわらかくなる。

(3) ペクチンの含有量は、温州みかんパルプ 1.00〜1.99％、みかん果汁 0.99％以下、いちご 0.50〜0.99％である。

(4) ジャムやママレード、ゼリーなどがこの性質を利用して作られる。

●ペクチンと酸の量

果実の種類	ペクチン量	有機酸
りんご・レモン・オレンジ	多い	多い
もも・イチジク	多い	少ない
イチゴ・アンズ	少ない	多い
ぶどう・ビワ	中程度	中程度
柿・なし	少ない	少ない

| 問 44 | 正解 | （4） |

(1) 発煙点は油脂の種類によって異なるが、ゴマ油は 172〜184℃、大豆油は 195〜230℃である。

(2) 繰り返し加熱して劣化した油脂は、発煙点が低くなる。

(3) 精製度の高い油脂は発煙点が高い。

(4) **油脂は熱によって酸化・分解される**。この変化を、空気中での油脂の放置による自動酸化と区別して**熱酸化**という。

問 45　正解　(4)

(1)(3) 筋肉のたんぱく質がたんぱく質分解酵素により分解されると、やわらかくなる。たんぱく質分解酵素である**プロテアーゼ**は肉や魚自体にも含まれ、**肉の熟成**に重要な役割を果たしている。

(2)(4) しょうがやパイナップル、キウイフルーツなどの植物性食品にも、たんぱく質分解酵素があり、肉の軟化剤としても使用されている。ゼラチンにこれらたんぱく質分解酵素を含む食品を混ぜると、**ゼラチンは固まらない**。なお、ワインはぶどうの炭水化物（糖質）をアルコール発酵させたもので、たんぱく質分解酵素は関係しない。

問 46　正解　(3)

すし飯の合わせ酢は炊きたての白飯に混ぜる。熱いうちに混ぜないと浸透が悪くなる。白飯はややかために、粘りの少ないほうが合わせ酢を吸収しやすく、つやよく仕上がる。
合わせ酢の量は米の容量の 10 〜 12 ％が基本であるが、用途などによって調節する。

問 47　正解　(4)

結着したひき肉の塊では熱が伝わりにくい。ひき肉は表面積が広く酸化しやすく劣化の進みが早い。よくこねると粘り気が出て、肉片同士がくっつく状態になる。

問 48　正解　(3)

(1) 加熱によるたんぱく質の変性などで魚の重量は 90 ％近くまで減少する。

(2) **白身の魚には筋原繊維たんぱく質が多く**、一般にやわらかな凝固をし、筋繊維がほぐれやすい。

(3) 赤身魚は灰褐色に、白身魚は不透明な白色になる。

(4) 魚肉は加熱することで身が締まり脂肪は流出する。

問 49　正解　(2)

(2) 「いくら」は魚介類のシロサケの項目に記載されている。

(3) アヒルの卵に木炭や灰、塩などと一緒に混ぜた泥を分厚く塗り、その上にもみ殻をまぶしてカメに入れ 5 〜 30 日間発酵させることで白身の部分が真っ黒、黄身がグレーに色づいた皮蛋になる。強アルカリ性によりたんぱく質が変性固化したもの。

(4) 卵白は熱凝固する際、あくを吸着する性質がある。

問 50 正解 （4）

青菜をゆでるときは、1％食塩水または0.2％重曹水を沸騰させた中で、蓋をしないでなるべく短時間でゆで、ただちに冷水にとり急冷するとよい。青菜をゆでる際、蓋をしないのは食品自体の揮発酸によるクロロフィルの変色を防止するため。

問 51 正解 （2）

アミノカルボニル反応は食品に生じる非酵素的褐変現象の1つで、**糖のカルボニル基とアミノ酸のアミノ基が化学反応**を起こし、**褐色物質のメラノイジン**を作る反応。パン、ケーキ、せんべい、ちくわ、かば焼きなどは、焼き上げの操作中にこの反応が起こり、風味や色調が増して食欲増進効果が高まる。

問 52 正解 （1）

塩にはイーストの発酵を抑える作用がある。塩を入れることで、イーストの水分が失われ機能が失われる。砂糖を加えるとイーストの栄養になるが、入れすぎると酵母の働きを邪魔してしまう。

問 53 正解 （1）

(1)「ゆでる」は、熱湯中で食品を加熱する調理操作。

(2)「直火焼き」は、乾式加熱の一種。竹串・金串、焼き網などを用いる。食品は熱源からの放射伝熱、対流伝熱により加熱される。加熱の温度は200~300℃。

(3)「炒める」は、乾式加熱の一種。熱した鉄板や石などに食品が焦げ付くことを防ぐため少量の油脂を用いて、その上で食品を撹拌しながら鍋などを通して加熱する調理操作。加熱温度は150～200℃くらい。

(4)「揚げる」は、油脂を熱媒体として食品を油脂中で加熱する調理操作。乾式加熱に分類される。対流・伝導により熱が伝わる。加熱の温度は160～200℃。

問 54 正解 （2）

隔壁により食品を取り扱う場所と必ず区分され、調理場などから**3m以上**離れた場所に設けられていることが望ましい。

問 55 正解 （2）

甘味とうま味は、体温に近いほど強く感じる。塩味と苦味は、温度が低いほうが強く感じる。酸味は、温度に影響されないが酸の種類により温度による味の違いが見られる。辛味はホット系（唐辛子・さんしょう・しょうがなど）は高い温度でより強く感じ、シャープ系（わさび・からし など）は、冷たい温度帯のほうが強く感じる。**味覚閾値が低いとは、味を感じ始める地点が低いということ。**

●味と温度の関係性

甘味	30～40℃で最も甘く感じる。
塩味	高温で弱く、温度が下がると強く感じる。
酸味	温度による変化なし。
苦味	温度の上昇に伴い弱く感じる。

問 56　正解　（4）

(1) 少量の調理に比べ、大量調理では水分の蒸発量が少ない。

(2) 早めに調味料と和えると、浸透圧により食材から水分が出て、水っぽくなり食感が悪く、味の低下を招いてしまう。

(3) カフェテリア方式は喫食者が自由におかずを選択するため栄養管理が難しい。

問 57　正解　（3）

電磁調理器は磁力線により鍋自体が発熱する仕組み。鍋などの底部以外は発熱しないので、鍋底の丸い中華鍋などは不向き。土鍋・耐熱ガラス・陶磁器（セラミックス）は電気が流れないので、そもそも熱は発生しない。鉄やホーロー、ステンレスが向いているが、電気の流れやすい銅やアルミは電気抵抗が小さく適していない。最近は銅やアルミ製でも使用できるものもある。

●加熱・冷却調理器具の基礎知識

オーブン	●熱源（ガス、電熱）からの熱と食品から出る水蒸気とを利用して食品を蒸し焼きにする調理器。
電子レンジ	●マグネトロンから発生するマイクロ波を食品に当て、食品内の水の分子運動によって食品全体の発熱を起こす。
電磁調理器 (IH調理器)	●電磁誘導加熱法（磁力線による加熱）を利用した調理器。 ●鍋などの底部以外は発熱しない（中華鍋などは不向き）。 ●鉄鍋、ステンレス鍋は使えるが、土鍋や陶器は使えない。 ●二酸化炭素が出ない。
スチームコンベクションオーブン	●熱風と蒸気を利用した加熱調理器。 ●熱風と蒸気を組み合わせることで、蒸気量を調整しながらオーブン加熱ができる。
ブラストチラー	●冷風の出る急速冷却機で冷却する調理器。
タンブルチラー	●食材をパックにして冷水を循環させることで冷却する調理器。

食文化概論

問58 **正解　（1）**

(1) 西洋文明の取り入れに躍起となり、関西で**すき焼き**、関東で**牛鍋**が広まっていく。

(2) ビール、缶詰といった食品も輸入された。

(3) 第二次世界大戦が長く続いたことで、国民生活の水準はどんどん悪化し、米や食塩、砂糖などの**食料は配給制**となった。

(4) 大正時代になると、雑誌に料理記事が多く掲載されるようになり、**カツ丼**や**カレーライス**などが誕生した。

問59 **正解　（3）**

普茶料理は江戸時代初期に、隠元禅師を祖とする黄檗宗万福寺で始められた**中国風の精進料理**。(3) の内容は大饗料理についてのもの。

問60 **正解　（2）**

ボルシチは**ウクライナ発祥**で、ロシアをはじめ広くヨーロッパで作られている煮込み料理。**牛肉のうま味とビーツの鮮やかな色味**が特徴。イタリア料理は、主食はパンで、パスタやピザなどの**小麦粉を使用した食べ物**が多く食される。

公衆衛生学

問 **1** **正解 （3）**
腸管出血性大腸菌感染症は3類感染症、就業制限がある感染症は1類・2類・3類。新型インフルエンザについては2類相当の措置がとられる。

腸チフスやコレラは3類感染症で、就業制限はあるが入院勧告はない。1類は原則入院、2類および新型インフルエンザは入院勧告。なお、1類、2類、新型インフルエンザは感染症指定医療機関への入院となる。下表を参照。

●感染症の類型と主な疾病

感染症類型	感染力・危険度	疾病名
1類感染症	感染力、重篤度が極めて高く、早急な届出が必要。	エボラ出血熱、痘そう、ペスト、ラッサ熱など
2類感染症	感染力、重篤度が高く、早急な届出が必要。	急性灰白髄炎、結核、ジフテリア、重症急性呼吸器症候群、鳥インフルエンザ（H5N1・H7N9）など
3類感染症	危険性は高くはないが、集団発生の可能性が高く、早急な届出が必要。	コレラ、細菌性赤痢、腸チフス、腸管出血性大腸菌感染症（O157）など
4類感染症	人同士での感染はないが、動物や飲食物を介して人に感染するため、早急な届出が必要。	A型肝炎、E型肝炎、オウム病、黄熱、日本脳炎、デング熱、鳥インフルエンザ（H5N1・H7N9を除く）、ジカウイルス感染症など
5類感染症	国家が感染症発生動向の調査を行い、必要な情報を提供して蔓延や伝染を防止することが必要。	ウイルス性肝炎（E型肝炎およびA型肝炎を除く）、アメーバ赤痢、風しん、麻しん、新型コロナウイルス感染症など

問題 ➡ 問題編 P.28 ～ 46

問 2　正解　(1)

(1) 腸チフスは**腸チフス菌**という細菌が原因。ウイルスには、インフルエンザウイルスやノロウイルスなどがある。

(2) 細菌には、腸チフスやコレラのほか、**赤痢菌やブドウ球菌**などがある。

(3) 真菌には、**カビや酵母**などがある。

(4) 原虫には、**マラリア原虫やトキソプラズマ、赤痢アメーバ**などがある。

ほかにリケッチアとして、**発疹チフス**や**ツツガムシ病**などがある。

問 3　正解　(4)

年少人口は 15 歳未満、生産年齢人口は 15 ～ 64 歳、老年人口は 65 歳以上を指す。従属人口指数は、**100人の生産年齢人口が（年少人口＋老年人口）を支える割合**。下図を参照。

問 4　正解　(2)

一次予防とは、**疾患の発生を未然に防ぎ、生活習慣や生活環境を改善し**て、**健康増進を目指す行為**。病気の早期発見や早期対処を行うのが二次予防、重症化した人が社会復帰のためにリハビリテーションなどを行うことを三次予防という。

問 5　正解　(2)

(1) 水俣病は、熊本県水俣市不知火海沿岸で起きた。水俣湾周辺にある有機化学工場から排出された**メチル水銀**が原因である。

(2) イタイイタイ病は、富山県神通川流域で起きた公害である。**カドミウムが原因物質**。患者数は約 190 人。

(3) 四日市ぜんそくは、三重県四日市市で起きた。

(4) 新潟水俣病は第二水俣病ともいわれ、新潟県阿賀野川流域で起きた。

問 6　正解　(2)

(1) WHO（世界保健機関）は、1989（平成元）年に 5 月 31 日を「世界禁煙デー」と定め、喫煙しないことが

●年齢3区分と従属人口指数

年少人口	生産年齢人口	老年人口

0 歳　　15 歳　　　　　　　　　65 歳

$$従属人口指数 = \frac{（年少人口＋老年人口）}{生産年齢人口} \times 100$$

一般的な社会習慣となることを目指した「たばこか健康かに関する活動計画」を開始した。

(2) 日本の喫煙率は年々減少し、国民健康・栄養調査によると2019（令和元）年は男性27.1％、女性7.6％となっている。**先進諸国に比べて男性は少し高いが、女性は下回る。**

(3) 2018年7月に健康増進法の一部を改正する法律が成立し、望まない受動喫煙を防止するための取り組みはマナーからルールへと改正された。2020年4月1日より全面施行されている。

(4) 煙草から直接吸い込む煙を**主流煙**、煙草が燃焼するときの煙草の先から立ち上る煙を**副流煙**、喫煙者の吐く息から出ている煙を**呼出煙**という。

問 7 正解 （4）

WHOが1986年にオタワ憲章で示した。「世界の人びとが自らの健康をコントロールし、改善できるようにするプロセスである」と定義されている。5つの戦術として、①**健康的な公共政策づくり**、②**健康を支援する環境づくり**、③**地域活動の強化**、④**個人技術の開発**、⑤**ヘルスサービスの方向転換**を提示している。

問 8 正解 （3）

食塩摂取量は7g未満、野菜摂取量350g、適正体重を維持している者の割合（BMI18.5以上25未満）66％、果物摂取量200g、20歳未満の飲酒をなくす、といった目標が示されている。

問 9 正解 （3）

(1) 環境基準法ではなく、**水道法**により水道水質基準が定められている。

(2)(4) 令和3年（2021年）では**水道普及率が98.2％**、**下水道普及率は80.6％**で、先進国で最も高いとはいえない。

(3) 水道業務は原則として**市町村**が担う。

食品学

問 10 正解 （4）

パーム油は世界で最も多く生産されており、日本でも菜種油に次いで2番目に多い消費量となっている。主に業務用として、加工食品に使われている。パームは、熱帯地方に生育する**アブラヤシ**の果実から取り出した油。

問 11 　正解 （3）

(1) 精白米のビタミンB₁含有量は、**玄米よりも少ない**。

(2) 精白米の搗精の歩留まりは、**約92％**である。

(3) 胚芽油にはビタミンE（トコフェロール）やトコトリエノールを含み、**抗酸化作用**がある。

(4) ビタミンB群は、胚芽とぬか層に多く、胚乳に少ない。

問 12 　正解 （3）

カビを利用するもの…**かつお節**、テンペ（インドネシアの大豆発酵食品）

酵母を利用するもの…ビール、ワイン、果実酒、蒸留酒、**パン**

細菌と酵母を利用するもの…**漬物**、ケフィア、クミス

細菌を利用するもの…**納豆**、ヨーグルト、食酢

発酵と腐敗は学問的には差異はなく、いずれも**食品に微生物が付着し、増殖する結果起こる物質代謝現象である。人類に有益な場合を発酵**といい、**不利や害をもたらす場合を腐敗**という。微生物の発酵作用を利用してつくった食品を**発酵食品**という。第6回問11の表(P.83)も参照のこと。

問 13 　正解 （4）

酸味はりんご酸、クエン酸、酒石酸が主なものである。ペクチン含有量の多い果物に糖と酸を加えて加熱するとゼリー状となる。未熟な果実には不溶性繊維のプロトペクチンが多いが、成熟するに従い水溶性繊維のペクチニン酸になる。

問 14 　正解 （2）

(1) 野菜を軽くゆでることは**ブランチング**というが、これにより酵素も壊れるので、食感の大きな変化や変色を防ぐことができる。

(2) 冷凍時に氷の結晶が最も大きく成長するのは−5〜−1℃で、この温度帯を**最大氷結晶生成温度帯**という。この温度帯にとどまる時間が長いほど、解凍したときの食品のダメージが大きい。

(3) 冷凍焼けとは、**乾燥や酸化により食感や見た目が悪くなり、風味が落ちてしまうこと**。冷凍焼けを防ぐには、空気に触れさせない、冷凍庫内の温度上昇を防ぐ、急速冷凍する、長期間の保存を避ける。

(4) 冷凍時の氷の結晶が大きいほど、**解凍によるダメージは大きい**。

問 15 　正解 （2）

ある物質が酸素と結合することを**酸化**といい、野菜・果実の褐変、肉類の変色、ビタミンAやCの損失、油脂の酸化などがある。**自己消化**は動物の死後、無菌状態で組織内に存在する酵素によって分解される現象

をいう。たんぱく質などが微生物の作用を受けて分解され、食品が変質することを**腐敗・変敗**という。

栄養学

問16　正解　(2)

食事の構成成分は炭水化物が約50〜60％と多いが、人体を構成している炭水化物は1％に満たない。体内に吸収された炭水化物はエネルギーとしてその多くが消費されたり、脂肪に変えられたりして蓄えられるため、**体内に存在する炭水化物は筋肉グリコーゲンや肝臓グリコーゲン、血液中に血糖として存在するなどわずか**である。

問17　正解　(4)

余剰分の血糖は**グリコーゲンとして肝臓や筋肉に蓄えられ**、運動時のエネルギーとして使われ、さらなる余剰分は**中性脂肪として内臓や皮下に蓄えられる**。
口腔から始まる消化管内での消化は**管腔内消化**といい、小腸粘膜の上皮細胞に存在する酵素（マルターゼなど）による消化を**膜消化**という。P.22の表を参照。

問18　正解　(2)

ライフステージとは、人間の一生において乳児期・幼児期・学童期・思春期・

青年期・成人期・高齢期のように、各年齢における段階を指す。そのなかでも幼児期は、生後12ヵ月までの乳児期を過ぎてから小学校に入るまでの期間をいう。この時期は心身の発達がめざましく、運動機能も発達し運動量も増えてくる。幼児期の体重1kg当たりのエネルギー必要量は、18〜29歳の約2倍と大きくなるが、これを**3度の食事**だけで摂取することは難しいため、**食事と食事との間に与える間食によって不足分を補う**。

問19　正解　(1)

アミノ酸だけからなるたんぱく質を、**単純たんぱく質**という。単純たんぱく質に他の物質が結合したものを、**複合たんぱく質**という。たんぱく質が熱、酸、アルカリ、酵素などの作用により変化したものを誘導たんぱく質という。P.23の表を参照。

問20　正解　(2)

胃液には0.4〜0.5％の塩酸が含まれ、pH1〜2の強酸性を示す。胃酸に含まれる塩酸は、たんぱく質を変性させたり、食品中に混ざってきた細菌を死滅させたりする。ペプシノーゲンは塩酸と混合して、たんぱく質分解酵素である**ペプシン**となり、**たんぱく質をペプトンとプロテオースに分解する**。食物のかたまりが胃壁に触れると、消化管ホルモンの**ガストリン**が分泌され、胃液の分泌を促進する。

●消化液と消化酵素の働き

	口腔	胃	十二指腸	小腸・小腸粘膜
	唾液	胃液	膵液	腸液
糖質の消化	**消化酵素** 唾液アミラーゼ（プチアリン） 分解 でん粉→デキストリン、麦芽糖		**消化酵素** 膵アミラーゼ（アミロプシン） 分解 デキストリン、麦芽糖→麦芽糖	**消化酵素** マルターゼ 分解 麦芽糖→ブドウ糖 **消化酵素** ラクターゼ 分解 乳糖→ブドウ糖、ガラクトース **消化酵素** スクラーゼ 分解 ショ糖→ブドウ糖、果糖
たんぱく質の消化		**消化酵素** ペプシン 分解 たんぱく質→ペプトン、プロテオース	**消化酵素** トリプシン キモトリプシン 分解 ペプトン、プロテオース→ペプチド	**消化酵素** ペプチダーゼ 分解 ペプチド→アミノ酸
脂質の消化			**消化酵素** 胆汁（脂質の乳化） 膵リパーゼ（ステアプシン） 分解 脂質→脂肪酸、グリセロール、モノグリセリド	

● たんぱく質の分類

分類	種類	主なたんぱく質
単純たんぱく質	アルブミン、グロブリン、グルテリン、プロラミンなど	血清アルブミン、ミオシン、グルテニン、グリアジンなど
複合たんぱく質	糖たんぱく質、リポたんぱく質、色素たんぱく質など	ヘモグロビン、ミオグロビン、カゼイン、HDL（リポ高比重たんぱく質など）
誘導たんぱく質	ゼラチン	

問 21 正解 （4）

ビタミン B_1、ビタミン B_{12}、ビタミン B_6、ナイアシンはすべて水溶性ビタミン。水溶性ビタミンは体内にとどまらず排泄されるため、毎日まんべんなく摂取する必要がある。P.24 の表を参照。

問 22 正解 （4）

(1) **1 型糖尿病の多くは、子どもの頃など若いうちに発症する。** 膵臓でインスリンをほとんど作り出せなくなるので、発症時からインスリン注射を続けなければならない。

(2) **2 型糖尿病** は日本人の糖尿病の **90％** を占め、**過食、運動不足、肥満などの悪い生活習慣** が発症に大きく関連していると考えられる。**40 歳以上の男性に患者が多い。**

(3) 糖尿病は、**膵臓のランゲルハンス島から分泌されるインスリン** といういうホルモンが不足して起こる疾患である。

(4) 治療では、尿糖を消失させるだけでなく、合併症の予防をすることも目的とする。

問 23 正解 （3）

食品中の鉄には、ヘム鉄と非ヘム鉄がある。ヘム鉄はヘモグロビンやミオグロビンに由来する鉄で、吸収がよく、主に食肉類に含まれる。非ヘム鉄は、植物性食品や卵に含まれる鉄である。コーヒーや紅茶、緑茶などに含まれる渋味の成分であるタンニンは、鉄と結びつく性質があり、**水に溶けにくくなるので吸収率が下がる。** 食物繊維も必要以上にとると、鉄の排出をする可能性がある。

問 24 正解 （4）

(1) **糖尿病** の治療食のポイントは、① エネルギー量を適正にする、②

23

糖質、たんぱく質、脂質のバランスをよくする、③食物繊維を十分にとる、④合併症の1つである高血圧の予防のために塩分を控えめにする、など。
(2) **骨粗鬆症**の治療食のポイントは、①食事で十分な**カルシウム**をとる、②食べ物からとったカルシウムを骨に蓄えるために体を動かす、③カルシウムの吸収を助けるビタミンDは紫外線によって作られるため、適度な日光浴をする、など。

(3) **痛風**の治療食のポイントは、①プリン体の少ない食品を摂取する、②水分を多めにとる、③アルコールのとりすぎに注意する、④バランスのよい食事を心がける、など。
(4) **動脈硬化症**の治療食のポイントは、①摂取エネルギーの制限、②脂質をとりすぎない、③食物繊維をとる、④塩分を制限する、⑤動物性脂質を制限する、など。

●主なビタミンの種類と働き

種類		化学名	主な働き
脂溶性ビタミン	ビタミンA	レチノール	視覚、皮膚、粘膜の保持と保護
	ビタミンD	カシフェロール	カルシウム・リンの吸収促進
	ビタミンE	トコフェロール	抗酸化作用
	ビタミンK	フォロキノン メナキノン	血液凝固因子の生成 骨の形成促進
水溶性ビタミン	ビタミンB_1	チアミン	糖質の代謝の補酵素
	ビタミンB_2	リボフラビン	脂質の代謝の補酵素
	ナイアシン	ニコチン酸	糖質の代謝の補酵素
	ビタミンB_6	ピリドキシン	アミノ酸代謝の補酵素
	ビタミンB_{12}	コバラミン	抗悪性貧血因子
	葉酸	プテロイルグルタミン酸	核酸の合成、アミノ酸代謝
	パントテン酸		糖質や脂質の代謝補酵素
	ビオチン		脂肪酸の合成、腸内細菌により合成
	ビタミンC	アスコルビン酸	コラーゲンの合成、抗酸化作用

食品衛生学

問25 正解 （2）

(1) 不飽和脂肪酸の多い油脂が酸化しやすい。

(2) **ヒスタミンは熱に安定であり、調理加熱では分解されない。**ヒスタミン中毒は、魚類およびその加工品によるものが多いアレルギー様食中毒である。ヒスチジンというたんぱく質にヒスタミン産生菌の酵素が作用して生じる。予防法としては、ヒスタミンは細菌が増殖することで生成されているため、細菌性食中毒の予防と同様に菌をつけない、増殖させないこと。

(3) カネミ油症は1968年、西日本を中心に発生した。カネミ倉庫という会社がつくった米ぬか油（ライスオイル）を使った人たちの間で発症し、皮膚症状が強く現れる化学性の食中毒である。原因は、米ぬか油の脱臭の工程で使ったPCB（ポリ塩化ビフェニール）が混入したためとされている（のちに本当の原因物質は、PCBの中にわずかに混ざっていたダイオキシン類との複合中毒と判明）。

(4) 重金属には銅、水銀、鉛といったものがある。

問26 正解 （4）

(1) 揮発性塩基窒素量は、**腐敗が進むと増加する。**

(2) 肉類は鮮度が低下すると、初期はpHがいったん下がり、**その後高くなる。**

(3) 鮮度良好な卵の卵黄と卵白は割ったときに**盛り上がり、広がらない。**

(4) 鮮度の低下した牛乳は、**乳酸菌や酪酸菌が増殖して酸が増えるため**、加熱により変性しやすく、5分程度の加熱で凝固物を生じる。

問27 正解 （3）

物質名の他に用途名を記載する必要がある添加物には、**着色料、甘味料、発色剤、保存料、防カビ剤、漂白剤、粘着安定剤（増着剤・ゲル化剤・安定剤）、酸化防止剤**がある。

問28 正解 （4）

(1) **コレラ菌、赤痢菌**なども食中毒を起こす微生物として扱われている。

(2) 腸チフス、パラチフスは昭和の初めから終戦直後にかけて、日本の代表的な感染症だったが、その後、患者数は急減した。現在、国内で発生する患者の大部分は、**渡航者である場合が多い。**

(3) **調理従事者が感染源になる可能性**もあり、調理従事者の健康管理は重要である。

問 29 　正解 （2）
(2) 健康増進法ではなく、**食品衛生法**で定められている。
(3) 高温（1100 ～ 1300℃）で焼いたものは溶出しにくく、低温（700 ～ 800℃）で焼いたものは溶出のおそれがある。
(4) 釉薬や顔料に含まれる鉛やカドミウムは酸性の液体に溶けやすいため、一般的な食品より溶出が起こりやすい厳しい条件下で溶出量が検査されている（食品衛生法の規格基準）。

問 30 　正解 （4）
深海魚のバラムツやアブラソコムツは体内の油脂成分のほとんどが、人体で消化されない**ワックスエステル**（蝋）でできており、**食品衛生法で販売が禁止されている**。オカダ酸は**ムラサキイガイ（ムール貝）**の毒成分である。**マイコトキシン**はカビの二次代謝産物として生産される毒の総称。

問 31 　正解 （3）
二枚貝の内臓にもノロウイルスが含まれるため、表面の洗浄のみでは効果がない。一般にノロウイルスは**熱に弱く**、加熱処理はウイルスの活性を失わせる。二枚貝などの食品は、**中**心部85 ～ 90℃で90秒以上の加熱が望まれる。

問 32 　正解 （1）
次亜塩素酸ナトリウムは使用時に**酸性のものと接すると塩素ガスが発生するので、酸性洗剤と混ぜてはいけない**。また、アルカリ性が強いため、粘膜、皮膚、金属の消毒には不向きである。温度、光などの影響を受けて経時的に分解するため、効力が薄れる。

問 33 　正解 （2）
大量調理施設衛生管理マニュアルでは、調理場は**湿度80％以下**、**温度25℃以下**に保つことが望ましいとされている。
調理室、給食室の全般的標準照度は150ルクス以上とされる。

問 34 　正解 （1）
(1) **腸炎ビブリオは、塩分のないところや12℃以下の低温では増殖しにくい。**
(2) **エルシニアは、低温菌で、0 ～ 4℃でも増殖する**ことができる。
(3) **カンピロバクターは、芽胞を形成しない。加熱、塩分、乾燥にも弱い。**
(4) **ボツリヌス菌は、芽胞を形成し、芽胞は耐熱性が強い。**

問 35　正解　(4)

(1) 主な症状は、**発熱、頭痛、倦怠感、悪心、腹痛、下痢**などである。

(2) 主な原因食品は、**生の状態や加熱不足の鶏肉**などである。

(3) 潜伏期は **30 時間〜 7 日間で、普通は 2 〜 4 日**である。

(4) **ニワトリが高率で保菌している。** 一般に細菌による食中毒は 10 万〜 100 万個の菌を摂取しないと発症しないが、カンピロバクターは数 100 個程度の少量の菌数でも発症する。最近、食中毒の発生件数が増加傾向にある。

問 36　正解　(2)

(1) シュードテラノーバは**アンコウ**や**タラ、オヒョウ、イカ**などに寄生する。

(2) クドア・セプテンプンクタータはここ数年間、全国的に発症している。特に**ヒラメの刺身**が原因食品となることが多い。− 20℃の 4 時間凍結により死滅するが、冷凍により品質が低下することから、生のまま食べられ、食中毒になることが多い。

(3) トリヒナ(旋毛虫)は、**豚肉や熊肉**を通じて人に感染することがある。

(4) サルコシスティス・フェアリーは、**馬肉の刺身**で感染した例が見られる。

問 37　正解　(3)

HACCP 方式は次の 7 つの原則から成り立ち、この原則を的確に遂行することが基本となる。①危害要因分析、②重要管理点の決定、③管理基準の設定、④管理方法の設定、⑤改善措置の設定、⑥検証方法の設定、⑦記録と保存方法の設定。**危害要因分析とは、食品製造・加工のすべての工程で発生する可能性のある危害を分析するもので、最終製品の試験結果を重点的に管理することではない。**

問 38　正解　(1)

食品衛生法第 1 条の条文である。食品衛生法は、**食品の安全性の確保の**ために**公衆衛生の見地**から必要な規制その他の措置を講ずることにより、飲食に起因する衛生上の危害の発生を防止し、もって**国民の健康の保護**を図ることを目的としている。

問 39　正解　(1)

食育推進基本計画は食育基本法、食品表示基準は食品表示法、飲食店の営業許可は食品衛生法にそれぞれ規定されている。 食品安全基本法には、食品の安全性の確保について、国、地方公共団体および食品関連事業者が果たすべき責務を定めている。

調理理論

問 40　正解　（2）

(1) 「す」が立つのは、凝固たんぱく質が作る網状構造の間隙を満たしている**水分や空気が急激に気化するため**。

(2) 卵液濃度が**20％以下**では、著しくゲル形成は低下する。

(3) オーブンの天板に湯を張ったり、蒸し器の内部温度を90℃に保ったりするなどして**温度が上がりすぎないようにする**。

(4) 砂糖を加えると**熱変成が抑制される**ため、「すだち」が生じにくく、なめらかなゲルになる。

問 41　正解　（3）

(1) ブライン液（100mLの水に5gの塩を加えた塩水）に漬けたものは水分損失が少なく、ジューシーな仕上がりとなる。

(2) 火のとおりにくい食品やでんぷんの糊化を必要とする食品は、**はじめは低温で、徐々に温度を上げていく方法がよい**。

(4) 沈んでから浮き上がらないのは140℃程度である。**200℃に加熱された油では沈むことなく表面で衣が散る**。

問 42　正解　（3）

塩の浸透速度は砂糖よりも速く、先に入れると砂糖が浸透しにくくなる

ので、**先に砂糖から入れる**。砂糖の分子量は塩より大きく、先に塩を入れてしまうと砂糖の入り込む場所がなくなってしまう。

問 43　正解　（4）

圧搾用器具には**麺棒、肉たたき、ライス型**などがある。ミートテンダライザーは、肉の筋を切るときに使われる針状のナイフのような器具。

問 44　正解　（3）

背節を雄節（おぶし）、腹側を雌節（めぶし）という。カビづけしたものを枯れ節、カビづけしていないものは荒節（あらぶし）という。3回以上のカビづけをしたものは本枯れ節という。かつお節は、静岡では「伊豆節」、和歌山では「紀州節」、四国では「土佐節」のように、産地により呼び方が異なる。

問 45　正解　（3）

(1) **甘味、酸味、塩味、苦味**の4つが基本味とされていたが、現在は**うま味**を加えて5つが基本味とされている。

(2) 塩味は**高温で弱く、温度が下がると強く感じる**。

(4) 味は口腔内に存在する**味蕾細胞を刺激して、大脳で認識**される。

問 46　正解　（2）

(1)(2) **直火焼き**は、食品を熱源に直接かざして焼く方法。**間接焼き**

は、食品と熱源との間に銅や鉄、アルミホイルなどの中間体を置き、これを通して加熱を行う方法。直火焼きは主に熱源からの放射熱（輻射熱）により加熱され、間接焼きは主に中間体からの伝導熱により加熱される。

(3) 焼き色の多くは、**アミノカルボニル反応**と呼ばれるアミノ酸と糖質との反応による。また、油脂が加熱により分解されて香りも向上する。

(4) 食品表面の凝固により、栄養素やうま味の損失が少ない。
※中心温度が75℃になると、たんぱく質の凝固が強まり、肉汁は大きく失われることから、低温調理法を勧める調理師もいる。

●**直火焼き**

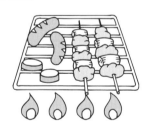

●**間接焼き**

問 47　正解　（1）

水温19〜24.5℃の水に浸漬した場合、大豆の吸水量は7時間までに70％に達し、**もとの豆の重量の2倍になる**。小豆の吸水は、他の豆と比べて緩慢である。

問 48　正解　（2）

ビタミンB1はアルカリ性に弱いため、大豆を煮るときに重曹を使うと豆はやわらかくなるが、ビタミンB1は失われる。なお、青菜をゆでるときに重曹を使うと、緑色が鮮やかになる。

問 49　正解　（1）

(1) **イースト**は、発酵によってブドウ糖を分解して二酸化炭素（炭酸ガス）と水を生じ、その二酸化炭素によってドウを膨化させる。パンやピザ、中華まんじゅうなどがこの方法で作られる。

(2) ベーキングパウダーや重曹といった化学膨化剤の発生する炭酸ガスによって膨化させる食品には、ドーナツ、まんじゅうの皮、マフィン、ホットケーキなどがある。

(3) 卵白や全卵を泡立てることで生成された気泡を混ぜて加熱すると、熱膨張と生地の持つ水蒸気圧により気泡が膨化する。代表的な食品にはスポンジケーキ、カステラがある。

(4) 生地の中に含まれる空気の熱膨
張と加熱によって発生する水蒸
気圧により膨化する食品に、シ
ュークリーム、エクレア、パイが
ある。

問50 正解 （3）

油脂を加えるとゲルの構築が阻害さ
れ、**ゲル強度は弱まる**。ゲル化した
でんぷんは、**形を保ち、なめらかな
口あたりと特有の歯ごたえを与える**
といったことから、くずざくら、胡麻
豆腐、ブラマンジェなどが調理される。

問51 正解 （1）

じゃがいも、さつまいも、くずなど
のでんぷんは根茎から採取されるた
め、**地下でんぷん**という。とうもろ
こし、米、小麦など種実から採取さ
れるでんぷんは**地上でんぷん**とい
う。

**地下でんぷんは透明、地上でんぷん
は不透明**なものが多い。下表を参照。

問52 正解 （4）

ビタミンや無機質、アミノ酸を添加
した米を強化米というが、日本で主
に用いられている**強化米はビタミン**

●天然でんぷんの種類と特徴

分類	種類	加熱特性 （透明度）	糊化温度 （℃）	用途
根茎 でんぷん	じゃがいも	透明	63.5	かたくり粉の代用
	さつまいも	透明	68	わらび粉などの代用
	くず	透明	66.2	くずまんじゅう、胡麻豆腐
	タピオカ	透明	62.8	デザート、スープの浮き身
	かたくり	透明	54.2	現在、純粋なものは少ない
種実 でんぷん	とうもろこし	不透明	73.5	デザート
	小麦	やや不透明	76.7	糊
	米	やや不透明	67.0	糊

B₁を強化したものである。発芽玄米
は酵素作用でお米に甘さやうま味が
加わるとともに、**機能性成分である
GABA（γ-アミノ酪酸）が増える。**

問53 正解 （3）

(1) **電磁調理器**は鍋自体に熱が発生
するので**熱効率がよい。**ガスや
電気の器具の熱効率である45〜
50％よりはるかによい。

(2) 火力はガス並みで、火加減の調
節が容易に行える。

(3) **土鍋や陶磁器などは使えない**の
で、鉄やステンレス製の鍋を使
用する。

(4) 二酸化炭素などを発生しないの
で、周囲の空気を汚さずクリー
ンである。

問54 正解 （3）

(1) 紅茶にレモンを入れると色が薄
くなるのは、紅茶に含まれる**テア
フラビンという成分の色が酸性
で抜けるため。**

(3) 紅茶は**95〜100℃で抽出**する。

問55 正解 （3）

ビーフンは、**うるち米を原料とした
麺である。**精米したうるち米を水に
浸漬したあと、加水加熱しながら練
って生地を作り、麺状に絞り出し、
それを天日干しで乾燥させたもので

あり、小麦粉製品ではない。フォー
はベトナム料理で、**平たい米粉の麺
である。**

問56 正解 （2）

ルーは**小麦粉と同量の油**を使用する。

問57 正解 （1）

(1) 魚の生臭みの主成分は**トリメチ
ルアミン**で、味噌や酢、酒類を
用いた料理で緩和される。

(4) 飯の焦げの香りは、メイラード反
応(アミノカルボニル反応)によ
って生じたメラノイジンによるも
の。

食文化概論

問58 正解 （2）

手食のマナーとして、食前に手を洗
う、右手を使う、3本の指で食べる、
食事中に指をなめてはいけない、食
後に手を洗う、などがある。

問59 正解 （4）

郷土料理は一般にその地域で主とし
て生産される食材で調理したもので、
それぞれの地方で守り伝えられてき
た料理が多く、調理の工夫や知恵が
息づいている。主な郷土料理は次の
ページの表を参照。

(1) アメリカ、イギリス、イタリア、ドイツ、フランスなどの料理を総称したもので、18世紀に集大成された**フランス料理**が中心となる。

(2) フランス料理は、イタリアのメディチ家のカトリーヌ姫がフランスに嫁いだときから始まる。

(3) ヌーベル・キュイジーヌとは、1970年代に生まれたフランス料理の新しい傾向で、短時間でつくった素材の持ち味を生かした料理を、あっさりしたソースで食すというもの。

(4) 1789年に**フランス革命**が起こり、王侯、貴族、富豪のお抱え料理人が分散。各地に宮廷料理人による、大衆化されたレストランが出現した。

●日本の主な郷土料理

北海道	石狩鍋・三平汁
東北	じゃっぱ汁・けの汁（青森）、わんこそば（岩手）、わかめ飯（宮城）、しょっつる鍋・きりたんぽ（秋田）
関東	しもつかれ（群馬・栃木）、お切り込み（群馬）、なめろう・さんが（千葉）
北陸	治部煮・かぶらずし（石川）
中部	ほお葉味噌・あゆ雑炊・ふな味噌（岐阜）、五平餅・おやき（長野）、ほうとう（山梨）
近畿	鮒ずし（滋賀）、いも棒・にしんそば（京都）、めはりずし（和歌山）、柿の葉ずし（奈良）
中国	祭りずし・ままかりの酢漬け（岡山）、ぼてぼて茶（島根）
四国	皿鉢料理（高知）、さぬきうどん（香川）
九州、沖縄	水炊き（福岡）、だんご汁（大分）、冷や汁（宮崎）、からしれんこん（熊本）、皿うどん（長崎）、ゴーヤーチャンプルー・沖縄そば（沖縄）

公衆衛生学

問 **1** **正解** **(3)**

(1) 低出生体重児とは、**2500g** 未満で生まれた者である。

(2) 腹囲は **男性85cm** 以上、**女性90cm** 以上。

(4) 塩分摂取量は多い。心疾患は欧米諸国よりも少ないが、脳血管疾患はやや多い。

問 **2** **正解** **(3)**

つつが虫はダニの一種。感染症の病原体と主な媒介生物について、詳しくは下表を参照。

問 **3** **正解** **(3)**

要介護状態の区分は、**介護が必要な度合に応じて要支援1〜2、要介護1**〜5と7段階で認定されている。要支援、要介護と進むにつれて介護が必要な度合が高くなり、要介護5が最も介護が必要な状態となる。

問 **4** **正解** **(3)**

(1) 冬季に人が最も快適と感じる気温は **18〜22℃**。

(2) 人が最も快適と感じる湿度は、**40〜60％**。

(4) 不快指数が **80** を超えるとほとんどの人が不快と感じる。

問 **5** **正解** **(1)**

野菜の摂取量は、年齢階層別に見ると**男女とも20〜40歳代で少なく、60歳以上で多い**。

野菜摂取量の平均値は280.5gであり、男性288.3g、女性273.6gであ

●感染症の病原体と主な媒介生物

主な感染症	病原体	主な媒介生物
日本脳炎	ウイルス	蚊
デング熱	ウイルス	蚊
黄熱	ウイルス	蚊
ジカ熱	ウイルス	蚊
発疹チフス	リケッチア	シラミ

主な感染症	病原体	主な媒介生物
ペスト	細菌	ノミ
つつが虫病	リケッチア	つつが虫
マラリア	原虫	蚊
回帰熱	スピロヘータ	シラミ、ダニ

る。この 10 年間で見ると、いずれも有意な増減はみられない。

問 6　正解 （1）

日本人の 60 ％近くは、**生活習慣病**が原因で亡くなっているといわれる。

問 7　正解 （4）

2021（令和 3）年度の学校保健統計調査によれば、**「虫歯（う歯）」が幼稚園 26.5 ％、小学校 39.0 ％と最も高く**、次いで裸眼視力 1.0 未満が幼稚園 24.8 ％、小学校 36.9 ％となっている。**中学校、高等学校では裸眼視力 1.0 未満の者が最も高く**、中学校 60.7 ％、高等学校 70.8 ％、次いで「虫歯（う歯）」が中学校 30.4 ％、高等学校 39.8 ％の順となっている。

問 8　正解 （4）

労働安全衛生法第 66 条において、「事業者は、労働者に対し、厚生労働省令で定めるところにより、医師による健康診断を行わなければならない」とされており、**全労働者に対して一般健康診断を行う**。

問 9　正解 （2）

(1) 2022（令和 4）年度のカロリーベース食料自給率は **38 ％**となっている。生産額ベース食料自給率は **58 ％**になっている。2030 年までにカロリーベース食料自給率を **45 ％**、生産額ベース食料自給率を **75 ％**に高める目標を掲げている。

(2) 2022（令和 4）年度の品目別自給率（重量ベース）は**小麦 15 ％**、米

●**主要食物の重量別自給率**（令和 4 年概算）

品目	自給率 (%)	品目	自給率 (%)
米	99	豚肉	49
小麦	15	鶏肉	64
大麦	12	鶏卵	97
甘藷	96	牛乳・乳製品	62
馬鈴薯	65	魚介類	54
大豆	6	海藻類	67
野菜	79	砂糖類	34
みかん	102	油脂類	14
りんご	59	きのこ類	89
牛肉	39		

●**品目別供給熱量自給率**

品目	自給率 (%)
米	99
小麦	16
大豆	25
野菜	75
果実	30
畜産物	17
砂糖類	34
油脂類	3
魚介類	49
その他	22

99%。

(3) 食品ロス 2021（令和3）年度は約 **523万トン**。

(4) 事業系の食品ロスは 279 万トン（53%）、家庭系のロスは 244 万トン（47%）で、**事業系の食品ロスが家庭系の食品ロスより多い**。

食品学

問 10 **正解　（4）**

(1) 肩はよく **運動する部位**なので、肉のきめが粗く、少しかために赤身が多い。

(2) ヒレは肉量が少なく、きめが細かくやわらかい部位で、脂肪分が少なくビタミン B₁ が豊富。

(3) ロースは肉のきめが細かくやわらかい部位で、適度な脂肪が特徴。

(4) バラは **角煮や焼き豚などの煮込み料理**や、**薄切りにして炒め物**などにも適している。

問 11 **正解　（4）**

ペクチンは、果物や野菜に含まれる。果実に含まれるペクチンは、ゼリーやジャムづくりに重要な成分である。藻類には、寒天質やアルギン酸という水溶性食物繊維が多い。

問 12 **正解　（3）**

(1) 乳清たんぱく質は、牛乳からカゼインと脂肪を取り除いたもの。カゼインはキモシンにより凝固沈殿する。

(2) 牛乳中の脂質は脂肪球として存在している。

(4) 成分調整牛乳は無脂乳固形分を **8.0%以上**含有しなければならない。

問 13 **正解　（3）**

(1) れんこん、かぶ、にんじんは **根菜類**。根菜類は根の部分を食用とするもの。葉の部分の栄養価も高い。他に大根、ごぼう、しょうがなどがある。

(2) きゅうり、トマト、なすは **果菜類**。果菜類は果実または種実を食用とするもの。ビタミンを比較的多く含む。他にかぼちゃ、ピーマン、オクラなどがある。

(4) みょうが、カリフラワー、ブロッコリーは **花菜類**。花菜類は、花らい（つぼみの集まり）や花弁などを食用とするもの。他に菊やアーティチョークなどがある。

問 14 **正解　（4）**

(1) 「にがり」の主成分は **塩化マグネシウム**。

(2) 濃い豆乳に凝固剤を加え、型箱の中でそのまま固めたものは **絹ごし豆腐**である。きめが細かく、舌ざわりがなめらかな点が特徴。

(3) 型箱に布を敷き、凝固剤を加えた豆乳を入れ、圧縮して固めたものは**木綿豆腐**である。表面に布目がついており、崩れにくいという特徴がある。

問 15 **正解 （3）**

(1) リシンやトリプトファンといった必須アミノ酸を多く含み、**バランスがよい**。
(2) 肉をワインや食酢に浸けるマリネ処理をすると、肉の pH が低下し、**保水性が向上することでやわらかくなる**（コラーゲンの変化ではない）。
(3) ハムは**豚のもも肉やロース肉**、ベーコンには**豚のバラ肉**が使われている。

栄養学

問 16 **正解 （4）**

(1) 五大栄養素に食物繊維は含まれない。五大栄養素とは、**たんぱく質、脂質、炭水化物、無機質（ミネラル）、ビタミン**である。
(2) 人体を構成する成分では水分が最も多いが、固形分ではたんぱく質と脂肪が多い。
(3) 炭水化物は 1 g で約 4 kcal のエネルギーを持っている。

●人体構成元素

（水分を含めた存在比率）

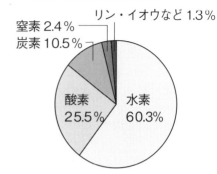

＊酸素 65％、炭素 18％、水素 10％、窒素 3％、他（水分を除いた有機質で計算）とすることもある。

●人体構成成分の割合

構成成分	男	女
水分	55～65％	55～65％
脂肪	15～20％	20～30％
たんぱく質	16～18％	14～16％
無機質	5.8～6.0％	5.5～6.0％
糖質	1.0％以下	1.0％以下

※年齢、体格により個人差あり。

問 17 **正解 （3）**

脂肪酸を構成する炭素数によって、**短鎖脂肪酸**（炭素数 4、6）、**中鎖脂肪酸**（炭素数 8、10）、**長鎖脂肪酸**（炭素数 12 以上）に分類される。中鎖脂肪酸は消化がよくエネルギーとして使われやすい。

また、**二重結合の位置**によってオメガ 3 系脂肪酸、オメガ 6 系脂肪酸に分類される。オメガ 3 系脂肪酸には DHA や EPA（IPA）、αリノレン酸

がある。オメガ6系脂肪酸にはリノール酸、アラキドン酸がある。

問 18 　正解 （3）

第6群は油脂食品、第5群が炭水化物である。下表を参照。

問 19 　正解 （3）

(1) ロコモティブシンドローム（通称ロコモ）とは、運動器の障害のために移動機能の低下をきたした状態。

(3) 脂質の食事摂取基準では脂質エネルギー比は**20％以上30％未満**としており、特に減らす必要はない。脂質摂取量が不足すると、エネルギーが不足する可能性がある。

問 20 　正解 （3）

日本糖尿病学会の「糖尿病診療ガイドライン 2019」では、「食物繊維は糖尿病状態の改善に有効であり、炭水化物とは無関係に 20g/ 日以上の摂取を促す」と示されている。

問 21 　正解 （4）

BMI（Body Mass Index）は**肥満（やせ）の判定**に用いられ、**18.5 以上〜25 未満が正常域**。**18.5 未満はやせ、25 以上が肥満**と判定される。BMI ＝体重（kg）÷ 身長（m）^{2} で求められる。

問 22 　正解 （3）

ビタミンには**水溶性ビタミン**（ビタミンCやビタミンB群）と**脂溶性ビタミン**（ビタミンA・D・E・K）とがあり、**脂溶性ビタミンは過剰摂取による有害作用がある**。最近ではサプリメントなどからの摂取も多くなり、食事摂取

第3回

●主な食品分類法

3色食品群	赤…血や肉を作る。主にたんぱく質。 黄…力や体温となる。主に炭水化物、脂質。 緑…体の調子を整える。主にビタミン類、無機質。
4つの基礎食品群	1群…卵、乳・乳製品 2群…肉、魚介、豆・豆製品 3群…淡色野菜、緑黄色野菜、海藻類、いも類、果物 4群…穀類、砂糖、油脂、嗜好品
6つの基礎食品群	1群…肉、魚介、卵、大豆 2群…牛乳・乳製品、骨ごと食べられる魚 3群…緑黄色野菜 4群…その他の野菜、果物 5群…米、パン、めん、いも類 6群…油脂

基準では耐容上限量が決められているものがある。

問23 正解 （3）

⑴ 摂食行動は、**脳の視床下部の摂食中枢**が刺激されて起こる。

⑵ **胃の飢餓収縮や血糖値の低下**が食欲を亢進させる。

⑷ 血糖値の上昇や胃の膨満感は、満腹中枢が刺激されて食欲が低下する。

問24 正解 （4）

⑴ 血液中の**ブドウ糖を血糖**といい、その濃度を血糖値という。

⑵ 血糖値は食後30分～1時間で最高値になり、2時間で正常値に戻る。

⑶ 血糖は脳の活動を維持するのに必要な栄養素である。

食品衛生学

問25 正解 （1）

⑴ 塩漬け法は自由水（細菌が増殖するために利用できる水分）を減少させる方法。必然的に結合水の比率が増加することになる。

⑵ 一般的に細菌の増殖はpH6～8の中性域であり、pH4以下の酸性ではほとんどの細菌は増殖できない。

⑶ 乾燥法は**自由水の割合を減少させる**方法。

●食品の貯蔵方法と食品例

貯蔵法	方法	食品例
酢漬け	酸によって食品のpHを低下させ、細菌の増殖を防ぐ。	ピクルス、らっきょう漬け、しめさば、マリネなど。
塩蔵	浸透圧の増加で含有水分を減少させて、水分活性を下げる。	塩鮭、塩辛、梅干し、コンビーフなど。
砂糖漬け	砂糖の濃度を高めることで結合水を増加させ、水分活性を下げる。	ジャム、ようかん、果物の砂糖漬けなど。
乾燥	水分を蒸発させ、微生物の活動を抑える。	魚介の干物、干ししいたけ、獣肉の干物など。
冷凍・冷蔵	低温で保存することで細菌の増殖を抑える。	冷凍食品、冷蔵品など。
空気遮断	空気を遮断し、酸化による劣化を防ぐ。	缶詰、ビン詰、レトルト食品など。
発酵	微生物の作用で成分を変化させ、腐敗菌の増殖を防ぐ。	しょうゆ、味噌、納豆、ワイン、日本酒など。

(4) 氷温貯蔵とは、**0℃**より低く凍結点より高い温度帯で冷却・貯蔵する方法である。

食品の貯蔵方法については、左ページの表を参照。

問 26　**正解　(3)**

金属缶の内面塗装には、エポキシ樹脂が使われる。ポリカーボネートは、ほ乳瓶やコーヒーろ過器に使用される。下表を参照。

問 27　**正解　(4)**

(1) ソルビン酸カリウムは**保存料**。

(2) 亜硫酸ナトリウムは**酸化防止剤・漂白剤**。

(3) L-アスコルビン酸は**酸化防止剤**。

(4) アスパルテームはアミノ酸から作られた**人工甘味料**。加熱に弱いため、主に加熱しない食品に使用されている。

問 28　**正解　(4)**

消費期限は品質が急激に劣化する食品の期限表示に使用し、**賞味期限**は品質が比較的劣化しにくい食品などの期限表示に使用する。賞味期限は「おいしく食べられる期間」なので、賞味期限が過ぎてもすぐに腐るということはない。

問 29　**正解　(4)**

(1) 2022年で事件数の多い食中毒の原因物質は**1位アニサキス**58.5

● **主なプラスチックの種類と用途**

	種類	食品関連用途
熱硬化性樹脂	フェノール樹脂	皿、汁椀、鍋の柄、つまみ
	メラミン樹脂	食器、箸
	エポキシ樹脂	金属缶の内面塗装
	ユリア樹脂	盆、椀、漆器の下地材
	ポリウレタン樹脂	汁椀や器の内面塗装
熱可塑性樹脂	ポリエチレン	フィルム、容器、まな板
	ポリプロピレン	容器、弁当箱、バケツ
	ポリカーボネート	ほ乳瓶、コーヒーろ過器
	ポリエチレンテレフタレート	フィルム、飲料ボトル、電子レンジ用容器
	フッ素樹脂	ホットプレートやフライパンの表面塗装

問題 ➡ 問題編 P.48 ～ 66

％、2位カンピロバクター・ジェジュニ／コリ19.2％、3位ノロウイルス6.5％。患者数は**1位ノロウイルス**31.7％、2位ウェルシュ菌21.4％、3位カンピロバクター・ジェジュニ／コリ12.0％。

(2) 原因施設は**1位飲食店**39.5％、2位家庭13.5％、3位販売店9.0％

(3) 自然毒食中毒は9〜10月(きのこ)、3〜5月(植物)に多い。

● 2022(令和4)年
　主な病因物質別食中毒発生状況(発生件数962件)

病因物質	発生比率(%)
アニサキス	58.5
カンピロバクター・ジェジュニ／コリ	19.2
ノロウイルス	6.5
植物性自然毒	3.5
ウェルシュ菌	2.3

● 2022(令和4)年
　主な病因物質別患者数食中毒発生状況(患者総数6856人)

病因物質	発生比率(%)
ノロウイルス	31.7
ウェルシュ菌	21.4
カンピロバクター・ジェジュニ／コリ	12.0
サルモネラ属菌	10.2
アニサキス	8.4

● 2022(令和4)年
　主な原因施設別事件数食中毒発生状況(発生件数962件)

病因施設	発生比率(%)
飲食店	39.5
家庭	13.5
販売店	9.0
事業場	2.6
仕出屋	2.1

問30　**正解　(2)**
大量調理施設衛生管理マニュアルにおいて、同一メニューを**1回300食以上**、または**1日750食以上**を供給する施設である。汚染作業区域は、検収室、食品の保管庫、食品の選別や洗浄・皮むきを行う下処理室。非汚染作業区域は、食品の切断、加熱調理を行う場所、盛り付けや配膳を行う場所。

問31　**正解　(4)**
ウェルシュ菌の予防法は、大量調理をする場合、食品をよくかき混ぜて酸素を送り込むこと、急速に冷却することである。

問32　**正解　(4)**
黄色ブドウ球菌自体は煮沸により**死滅**するが、**菌が産生する毒素(エンテロトキシン)は熱に強い**。

問33　**正解　(1)**
ボツリヌス菌は芽胞形成菌で、食品

●細菌性食中毒の特徴

タイプ		原因細菌	病原所在	原因食品	潜伏期間	症状
細菌性食中毒	感染型 感染侵入型	サルモネラ属菌	家禽、家畜類、そ族、昆虫など	肉類、卵、生野菜	6～72時間	下痢、腹痛、発熱、嘔吐
		カンピロバクター	家畜、家禽の腸内。鶏は保菌率が高い	肉類、生乳、水	2～7日	発熱、頭痛、倦怠感、筋肉痛、腹痛、下痢
		エルシニア・エンテロコリチカ	豚・犬・ねこなどの腸管や自然環境	食肉（特に豚肉）、飲料水	半日～6日間	腹痛（特に右下腹部痛）、発熱、下痢
	感染毒素型	腸炎ビブリオ	近海海水、海泥	海産の魚介類とその加工品	8～24時間。12時間前後が多い	下痢、上腹部の痛み
		ウェルシュ菌	ヒトや動物の腸内、土壌	前日調理したカレー、めんつゆ、煮物など	6～18時間。10時間前後が多い	下痢、腹痛
		腸管出血性大腸菌（O-157)	ヒトや動物の腸内	菌に汚染された飲食物（肉や野菜など）、患者の糞便で汚染されたもの	4～8日と長い	激しい腹痛、頻回の水様便、血便など
		セレウス菌（下痢型）	土壌、河川、植物、ヒトや動物の腸内	肉類、プリン、弁当など	8～16時間	下痢、腹痛
	食品内毒素型	黄色ブドウ球菌	ヒトの化膿創、健康な人の鼻下や咽喉	米飯、弁当、調理パン、乳製品	30分～6時間	吐き気、嘔吐、下痢、腹痛
		ボツリヌス菌	土壌	いずし、からしれんこん、外国ではソーセージなど	8～36時間	頭痛、めまい、吐き気、神経麻痺（手足のしびれなど）
		セレウス菌（嘔吐型）	土壌、河川、植物、ヒトや動物の腸内	米飯、焼きそばなど	30分～6時間	嘔吐、悪心

第3回

41

問題 ➡ 問題編 P.48～66

内毒素型の食中毒である。酸素のないところで生育する偏性嫌気性菌。前ページの表を参照。

問 34　正解　(4)

(1) **ドライシステムは床に水が落ちない構造で**、ドライを心がけることで食中毒防止につながる。

(3) 照度は室内全体では 150 〜 200 ルクス、作業する場所では 200 〜 300 ルクス。

(4) **作業動線は短く単純なほうが能率的**。また汚染度の高い食品と汚染させたくない食品の交差を防ぐため、明確な動線を示し二次汚染を防止する。

問 35　正解　(4)

(1) 冷凍するものは－15℃以下で保存する。

(2) 食肉類は **10℃以下**（生食するものは 4℃以下）で保存する。

(3) **熱帯・亜熱帯域原産の野菜・果実などは低温障害を起こすため冷蔵保存に向かない**。野菜ではきゅうり、トマト、しょうが、さつまいもなど。果物はバナナ、パイナップル、パパイヤ、レモン、マンゴーなどがある。

(4) 鶏の液卵は 8℃以下（冷凍したものは－15℃以下）で保存する。

問 36　正解　(1)

(1) 包丁の消毒は **80℃の熱湯で 5 分間以上加熱する**。熱湯消毒や紫外線殺菌庫を利用する。

(2) まな板は紫外線殺菌庫、次亜塩素酸ナトリウムによる殺菌を行う。

(4) **アルコール殺菌は対象物がぬれていると殺菌効果が弱まる**ので、調理台の表面の水気を拭き取って水分がない状態にしてから噴霧する。100％アルコールは揮発が速く効果が期待できないので 70 〜 75％濃度のアルコールを使用する（日本薬局方では 76.9 〜 81.4 濃度としている）。

問 37　正解　(4)

(1) 食品衛生法では、食品とは「**医薬品・医薬部外品以外のすべての飲食物**」となっている。

(2) 飲食店や食品製造業の営業許可は**都道府県知事から受ける**。

(3) 飲食店を営業する場合の衛生管理は**食品衛生責任者**が行う。

問 38　正解　(1)

BSE 問題のあとに制定された**食品安全基本法**によって、2003 年に内閣府に設置された行政機関である。科学的知見に基づいて食品健康影響評価に対する施策の策定（リスク管理）を行うのは、厚生労働省と農林水産省。食品安全委員会は 7 人の委員で構成され、16 の専門調査会がある（2023 年 9 月現在）。

問 39 　正解 　(4)

セレウス菌（嘔吐型）のタイプは、**食品内毒素型**である。

食品内毒素型：細菌が食品中で大量に増殖し、その際に産生された毒素によって発病（黄色ブドウ球菌・ボツリヌス菌・セレウス菌（嘔吐型））。

感染毒素型：細菌が食品中で大量に増殖し生きたまま食品と共に摂取され、さらに腸管内で増殖または芽胞を形成する際に産生された毒素によって発病する（腸炎ビブリオ・ウェルシュ菌・O-157・セレウス菌（下痢型））。

感染侵入型：細菌が食品中で大量に増殖し生きたまま食品と共に摂取され、腸管内でさらに増殖し組織や細胞に侵入して発病する（サルモネラ属菌、エルシニア・エンテロコリチカ、カンピロバクター）。

＊カンピロバクターは感染毒素型に分類されることもある。

調理理論

問 40 　正解 　(3)

吸い物・スープの塩濃度基準は0.8〜1.2%。他に即席漬物は2.0〜3.0%、ふり塩では生野菜が1.0〜1.5%・魚や肉が1.0〜2.0%。

問 41 　正解 　(3)

(1)(2) 水中油滴型には生クリーム、アイスクリーム、マヨネーズなどの食品がある。

(3)(4) 油中水滴型には、バター、マーガリン、ショートニングなどの食品がある。

油と水は本来混ざりあわないが、乳化剤を加え攪拌すると乳化する。**乳化した状態をエマルションという。**

問 42 　正解 　(4)

(1) ワインや清酒は揺らすことで、香りが引き立つ。

(2) 魚の生臭みとなるのはトリメチルアミンやアンモニアだが、味噌や牛乳にはそれらの成分を吸着する働きがある。トマトのペクチンにも臭みをとる効果がある。

(3) のり、まつたけはサッとあぶる。

(4) 味噌、しょうゆは香りを大切にしたい調味料であり、長く加熱しないほうがよい。

問 43 　正解 　(2)

卵豆腐は卵とだし・しょうゆ。
ごま豆腐は練りごまとくずでんぷん。
コーヒーゼリーはコーヒーとゼラチン。
ブラマンジェは牛乳とゼラチン。
よって、BとCの組み合わせである(2)が正解。

問 44 　正解 　(3)

真空調理法では肉を**62〜68℃**で加熱することが多く、筋肉を形成しているたんぱく質のミオシンとアクチンの変性や筋形質たんぱく質の凝固を温

度管理によりギリギリでコントロールするためやわらかく仕上がる。

問 45 正解 （1）

(2) ぬかを素早く流し、ぬか臭が米に移らないように、1回目はさっと洗う。

(3) 穀類の加熱の主目的はでんぷんの酸化ではなく、糊化（α化）。

(4) さつまいもは、ゆっくり加熱するほうが酵素の働きで**麦芽糖**が多くなり、甘味が出るので、電子レンジのような急な温度上昇は不向きである。ダッチオーブンで焼く、ゆでる、蒸すといった調理法が麦芽糖を多くする。

問 46 正解 （2）

(1) **炒め煮は油で炒めてから煮る方法**。炒めることで材料の中の水分が抜けて、だしや調味料がしみ込みやすくなる。

(2) **煎り煮は材料と調味料とともに鍋に入れ、焦がさないように煎りつけながら煮る方法。**

(3) **削り節を入れる煮物を土佐煮**という。

(4) 砂糖など浸透しにくい調味料は先に入れ、香りを大切にする調味料は最後に加える。

問 47 正解 （1）

ローストビーフのような冷たい料理に適するのは、脂肪の多い霜降り肉では

なく、脂肪の少ないもも肉である。また、牛肉より豚肉のほうが、不飽和脂肪酸が多いために融点が低く、弁当など冷めた状態で食べるには豚肉料理が適する。

問 48 正解 （1）

(2) **生のでんぷんを β-でんぷん、糊化したでんぷんを α-でんぷんという。**

(3) 調理することで最も変化するのはでんぷんであり、食物繊維の変化は少ない。

(4) でんぷんの老化は水分が $30 \sim 60$ ％、温度が $0 \sim 5$℃のときに急速に進行するので、水分を15％以下に引き下げるとよい。

問 49 正解 （3）

凝縮熱（潜熱）は、気体が凝縮して液体になるときに放出する熱量で、蒸し器やオーブン内で発生した蒸気で熱が伝えられる。炒める調理法では伝導熱が主体となるが、野菜炒めなどでは蒸し焼きという状態にもなる。

問 50 正解 （3）

ご飯は $40 \sim 48$℃が適温である。その他の食べ物や飲み物の好まれる温度帯については、右ページの表を参照。

問 51 正解 （3）

やわらかい食品を切るときは、食品と刃との摩擦を小さくして切る。

切る操作の目的は、以下のとおりである。①不可食部・不要部を除く、②表面積を拡大して調味液の浸透や熱伝導の効率を高める、③形を整えて外観や消化性をよくする、④歯ざわりや口ざわりなどのテクスチャーをよくする。

問 52　正解　（3）

(1) あくぬきは浸透圧を利用しているが落とし蓋とは関係がない。
(2)(3) 落とし蓋には、材料を均一に調味できる効果のほかにも、**煮くずれの防止や煮汁の蒸発を防ぐと**いった効果もある。
(4) 小豆をゆでるとき、ゆで汁をすくいながら空気にさらすと色が鮮やかになるが、落とし蓋とは関係がない。

問 53　正解　（3）

(1)(4) 死後硬直後、酵素により自己消化が進みイノシン酸などのうま味成分が増加する。
(3) 食肉の熟成期間は**牛肉が約10日間、豚肉が3〜5日、鶏肉が7〜8時間**である。熟成した肉は軟化し、保水性も向上して調理による肉汁の損失が少なくなる。

問 54　正解　（3）

(1) デミグラスソースは、西洋料理の基本的なソースの1つ。小麦粉を茶色になるまで炒めて、一度冷ましたルーに、牛の肉や骨と野菜を煮込んでつくったフォンを入れ、長時間煮詰めて作る。

第**3**回

●食べ物や飲み物のおいしい温度帯

温かい食べ物・飲み物		冷たい食べ物・飲み物	
日本酒 (吟醸酒)	38〜42℃	アイスクリーム	−6℃
日本酒 (普通酒)	45〜60℃	アイスコーヒー	6℃
牛乳	58〜64℃	生酒	6〜10℃
味噌汁・ポタージュ	60〜68℃	生酒 (オンザロック)	0〜5℃
しるこ	60〜64℃	白ワイン	6〜10℃
うどん	60〜70℃	水・麦茶・ジュース	8〜12℃
天ぷら	65℃	牛乳・ビール	10〜15℃
コーヒー・紅茶	65〜73℃	日本酒 (吟醸酒)	10〜16℃
すまし汁・コンソメ	65〜73℃	赤ワイン	12〜15℃

※味見をするときの温度と供するときとの温度が異なる場合は、注意が必要。

(2) モルネソースは、ベシャメルソースにブイヨンとすりおろしたチーズを加えたもの。

(4) オーロラソースは、ベシャメルソースに裏ごししたトマトとバターを加えたソース。下表も参照。

作りや細作りが用いられる。右ページの表を参照。

平作りは身が厚くて大きく、やわらかいまぐろのような魚に用いられる。身の薄い魚やかたい白身の魚では、薄

(1)(4) **生鮮品は時間をかけて低温解凍し、解凍後はすぐ調理するのが望ましい。**解凍後も低温に保つこと。

(2) **衣をつけたフライ製品は解凍しないで揚げる。**解凍するとドリップが出たり、形がくずれやすくな

●ソースの基本材料（フォンの種類）

フォンの分類			
白色系のフォン（フォン・ブラン）〈フランス〉fond blanc		褐色系のフォン（フォン・ブルン）〈フランス〉fond brun	
フォン・ド・ヴォライユ 鶏のフォン〈フランス〉fond de volaille	フュメ・ド・ポワソン 魚のフュメ〈フランス〉fumet de poisson	フォン・ド・ヴォー 仔牛のフォン〈フランス〉fond de veau	フォン・ド・ジビエ ジビエのフォン〈フランス〉fond de gibier

●ソースの基本材料（ルーの種類）

名称	内容	具体例
ルー・ブラン〈フランス〉roux blanc 白色のルー	バターを溶かし、小麦粉を加え、弱火で色をつけないように3〜5分間炒める。	ソースベシャメル、ソースクレーム、モルネソースなど
ルー・ブロン〈フランス〉roux blond 淡褐色のルー	ルー・ブランと同様に行うが、白色のルーができ上がる直前に、少し火を強めて淡黄色に仕上げる。	ソースアルマンド、ヴルーテ・ド・ポアッソンなど
ルー・ブルン〈フランス〉roux brun 褐色のルー	バターなどを溶かし、小麦粉を加え弱火から徐々に火を強めながら、焦がさないように茶色になるまで炒める。	ソースエスパニョール、ソースドミグラスなど

●刺身（お作り、作り身）の下ごしらえ

①うろこ、えら、内臓をとって水洗いをする。

↓

②三枚におろして腹骨、血合い骨をとる。
大きい魚は血合いをとって、背身と腹身に分ける（柵取り）。
（三枚おろしは最も基本的なおろし方、他に大名おろし、五枚おろしなどがある）

↓

③身の高さや形を作りやすいように整える（木取り）。

●刺身の種類

<table>
<tr><td rowspan="4">切り方による分類</td><td>平作り</td><td>・身の厚いほうを奥にして、包丁の刃元から手前に引いて切る。
・身の薄い魚以外に用いる。一般的な刺身の作り方。</td></tr>
<tr><td>角作り</td><td>・柵取りした魚を立方体に切る。
・かつおやまぐろなどに用いる。</td></tr>
<tr><td>糸作り
（細作り）</td><td>・身を細長く引く。
・身の締まった白身魚やいかなどに用いる。</td></tr>
<tr><td>八重作り
（切り掛け作り）</td><td>・一刃おきに切り目を入れていく。
・皮付きのかつおやさばなど厚く切ったほうがおいしい魚、いかなどに用いる。</td></tr>
<tr><td rowspan="5">手法による分類</td><td>皮霜作り
（松皮作り）</td><td>・魚の皮目を上にして布巾をかけて、その上から熱湯をかける手法。皮が食べやすくなる。
・たいなどに用いる。</td></tr>
<tr><td>湯引き</td><td>・素早く熱湯に通して、表面だけを加熱する手法。
・まぐろ、たい、はもなどに用いる。</td></tr>
<tr><td>たたき</td><td>・包丁でたたいて、刻んだしょうがやねぎを混ぜてさらにたたいたもの。
・アジ、イワシなどに用いる。</td></tr>
<tr><td>土佐作り</td><td>・かつおの表面をあぶったものを平作りにして、刻んだにんにくやしょうがなどをのせたもの。</td></tr>
<tr><td>あらい</td><td>・そぎ作りや糸作りにしたものを氷水で洗ったもの。
・たい、すずきなどの白身魚、こいなどの淡水魚などに用いる。</td></tr>
</table>

第3回

ったり、中身が出て油がはねたりする。

(3) ほとんどの冷凍野菜類は、凍結状態のまま加熱する。解凍すると品質が低下することがある。あらかじめ完全に加熱されており、自然解凍するだけで食べられる豆類などもある。

47

問題 → 問題編 P.48～66

特定給食では、基本的に**生魚料理は提供されない**。加熱をする場合でも、材料の中心温度75℃１分以上の加熱をするように定められている（大量調理施設衛生管理マニュアル）。

食文化概論

問58　正解　（3）

人見必大の著書は『**本朝食鑑**』であり、『**養生訓**』は**貝原益軒**の著書である。

問59　正解　（1）

(2) **米の消費は年々減少傾向にある**。

(3) 米はほとんど自給できているが、大豆は重量ベースで６％しか自給できていない。

(4) 肉類などの消費は、増加傾向にある。

問60　正解　（2）

仏教の教義に従って**動物性食品、にんにく、ねぎなどの葷菜類の使用を禁じ**、植物性食品のみを食材として用いる。鎌倉時代に曹洞宗を開いた道元が、留学先の中国から持ち帰ったといわれている。

精進料理を含め、代表的な日本料理様式については、下表を参照。

●日本料理様式

料理様式名	様式	時代
大饗料理	貴族の饗応料理	奈良・平安時代
精進料理	禅宗の饗応料理（道元）	鎌倉時代
本膳料理	武家の饗応料理	室町時代
南蛮料理	スペイン・ポルトガル風	安土桃山時代
懐石（会席）料理	茶の湯のためのもてなし料理	安土桃山時代
袱紗料理	略式本膳料理	江戸時代
会席料理	料理茶屋の酒宴料理	江戸時代
普茶料理	中国の禅僧により伝えられた中国風精進料理	江戸時代
卓袱料理	長崎で生まれた中国風日本料理	江戸時代

公衆衛生学

問 1 正解 （3）

WHO（世界保健機関）は 1948 年設立。本部は**スイスのジュネーブ**にある。人類の健康を基本的人権の一つとして捉え、その達成を目的として設立された。

問 2 正解 （4）

VDT 障害は、パソコンなどのディスプレイを使った長時間の作業により眼や身体や心に影響の出る病気。別名 **IT 眼症**とも呼ばれる。職業病については、下表を参照。

問 3 正解 （3）

調理師法は、調理師全般の職務・資格などに関して規定した法律で、1958（昭和 33）年に公布された。それまでは各都道府県によって規則が不統一であった。

●調理師法の目的

①調理の業務に従事する者の資質の向上。
②調理技術の合理的な発達。
③国民の食生活の向上に資する。

●主な疾病とかかりやすい職業

病　名	原　因	かかりやすい職業
けんしょう炎	過大な作業速度	速記者
静脈瘤	立位作業	調理師、デパート店員
熱中症	高温作業	圧延工、火夫
凍傷	寒冷作業	冷凍・冷蔵業
減圧症	高圧作業	潜かん工、潜水夫
騒音障害	騒音	建築業、造船業、鉄鋼業
振動病	振動	森林労働者、建設業
じん肺	粉じん	鉱山・炭鉱採掘夫、石工、研磨工
頸肩腕症候群	筋肉の酷使	データ入力者

問 4　正解　(2)

調理師法第8条の3に調理技術の審査に関する規定がある。合格すると**厚生労働大臣**から専門調理師・調理技能士の称号を記載した認定証書が与えられる。

問 5　正解　(3)

腸管出血性大腸菌感染症は、**飲食物を介する経口感染**がほとんどである。菌に汚染された飲食物を摂取するか、患者の糞便で汚染されたものを口にすることで感染する。

問 6　正解　(4)

(1) 酸素は空気中で21%、**78%を占めるのは窒素**である。

(2) **カビは湿度が60%を超えると徐々に発生**し、80%を超えると約2週間で発生する。

(3) 採光とは、窓などを通して室内に**日光を導き入れて明るくすること**をいう。人工的な光源を用いて明るさを確保することは**照明**という。

問 7　正解　(3)

(1) 目標の設定期間は、令和6年度から令和17年度までの12年間。

(2) 生活習慣病の発症予防・重症化予防・生活習慣の改善など。

(4) **健康増進法**に規定されている。

健康日本21（第3次）の基本的な方向は、①健康寿命の延伸と健康格差の縮小、②個人の行動と健康状態の改善、③社会環境の質の向上、④ライフコースアプローチをふまえた健康づくり。

問 8　正解　(1)

(2) 食育推進基本計画の策定は**食育基本法**に定められている。

(3) 保健所の事業内容は**地域保健法**に定められている。

(4) 特定健康診査・特定保健指導の実施は、**高齢者の医療の確保に関する法律**に定められている。

問 9　正解　(3)

(1)(2) 労働基準法第32条に基づき、**1日につき8時間、1週間につき40時間**を超えてはならない。

(3) 6時間を超える場合は45分以上、**8時間を超える場合には1時間の休憩**を与える必要がある。

(4) 4週間を通じて**4日以上の休日**を与える。休日は毎週1回以上与えなければならない。

食品学

問 10　正解 （1）

物理的加工法とは、**道具類を使って材料の形を変えたり粉末にしたり、原料の成分の浸出・分離をさせる方法**のこと。味噌、しょうゆ、ワインは微生物の酵素を利用した**微生物利用加工法**である。

問 11　正解 （3）

アイスクリーム類は、乳固形分と乳脂肪分の占める割合により名称が決まる。その分類は、下表を参照。

問 12　正解 （2）

サプリメント、健康補助食品、栄養補助食品などの名称で呼ばれている**いわゆる健康食品は機能表示できない**。国が定めた安全性と効果に関する基準などに従って機能性が表示されている食品は**保健機能食品**といい、**特定保健用食品、栄養機能食品、機能性表示食品の3種類**がある。保健機能食品については、次ページの上表を参照。特定保健用食品の主な表示内容については、次ページの下表を参照。

問 13　正解 （1）

(1) コハク酸は、主に貝類・清酒のうま味成分である。

(2) イノシン酸は、**肉や魚など動物性の食材**に多く含まれている。

(3) グアニル酸は、**干ししいたけなどの乾燥したきのこ**に多く含まれている。

(4) グルタミン酸は**肉や魚**、**野菜**など、**さまざまな食材**に含まれている。最初にこんぶのだしの中から発見されたので、こんぶだしのうま味成分として知られている。

問 14　正解 （1）

(2) アイスミルクは乳脂肪分3.0％以上となっているが、その分を**植物油**で補っているものがある。

(3) 天ぷらに適しているのは**薄力粉**である。

(4) ゆばはたんぱく質と脂肪の皮膜である。

第 **4** 回

●種類別の成分規格

区分	種類別名称	乳固形分	うち乳脂肪分
アイスクリーム類	アイスクリーム	15.0％以上	8.0％以上
	アイスミルク	10.0％以上	3.0％以上
	ラクトアイス	3.0％以上	―
一般食品	氷菓	上記以外	

●保健機能食品の分類

特定保健用食品	・身体の生理学的機能に影響を与える保健機能成分を含み、健康の維持・増進や特定の保健の用途のために利用する食品（トクホとも呼ばれる） ・保健の用途を表示するには、健康増進法に基づく国の個別審査と許可が必要＝個別許可型	
栄養機能食品	・高齢者やライフスタイルの変化などにより、通常の食生活を行うことが難しく、1日に必要な栄養成分をとれない場合に、その補給・補充のために利用する食品 ・規格基準（栄養成分の含有量に関する上下限値）に適合していれば表示できる＝規格基準型	
機能性表示食品	・生鮮食品を含め、ほぼすべての食品が対象となっている ・業者が販売を予定する日の60日前までに、科学的根拠を示す論文などを添えて消費者庁に届け出れば機能性を表示できる ・トクホより低いハードルで、体内脂肪を減らすのを助ける、血糖値の上昇をおだやかにするといった機能性の表示ができる	

※ 2005年に、特定保健用食品に、条件付き特定保健用食品、規格基準型特定保健用食品、疾病リスク低減表示が設けられた。

●特定保健用食品の主な表示内容と保健機能成分

表示内容	保健機能成分
お腹の調子を整える	ガラクトオリゴ糖、ビフィズス菌など
血圧が高めの人に適する	かつお節オリゴペプチド、杜仲葉配糖体など
コレステロールが高めの人に適する	キトサン、大豆たんぱく質など
血糖値が気になる人に適する	難消化性デキストリン、L－アラビノースなど
虫歯の原因になりにくい	マルチトール、パラチノース、エリスリトールなど
歯の健康維持に役立つ	キシリトール、マルチトールなど
体脂肪がつきにくい	ケルセチン配糖体、中鎖脂肪酸など
骨の健康が気になる人に適する	大豆イソフラボン、乳塩基性たんぱく質など

問 15 　正解　（3）

(1) 常温流通が可能となっている。

(2) 真空下で処理されるため、**ビタミンなどの栄養素の損失が少ない。**

(4) **加圧加熱殺菌法**という科学的根拠が確立されており、製造にあたっては保存料や殺菌料（次亜塩素酸水および次亜塩素酸ナトリウムを除く）を使用していない。

栄養学

問 16 　正解　（1）

(1)(2)(3) コレステロールは**細胞の膜を形づくっている**他、**性ホルモンや副腎皮質ホルモン、胆汁酸、ビタミンD** などの材料となっている。身体に不可欠であり、コレステロールが低い場合、血管が細く弱くなり、脳出血を引き起こす可能性がある。コレステロールはもともと食事から摂取するよりも体内で作られるほうが多い。エネルギーとして活用されることはない。

(4) HDL（高比重リポたんぱく質）コレステロールリポは肝臓にコレステロールを運ぶ働きがあり、動脈硬化を予防するため、**善玉コレステロール**と呼ばれる。

問 17 　正解　（2）

(1) 一部腸内細菌により分解されるが、人間の**消化酵素ではほとんど分解されない。**

(3) 圧倒的に植物性食品に多いが、**キチンは動物性食物繊維**で甲殻類の殻などに含まれる。

(4) 日本人の食事摂取基準（2020年版）では、18 〜 64歳で**男性1日21g 以上、女性1日18g 以上**を摂取目標量としている。65歳以上は、男性1日20g以上、女性1日17g以上。

食物繊維の水溶性と不溶性の分類は、下表を参照。

●水溶性食物繊維と不溶性食物繊維

	繊維の種類	主な働き
水溶性食物繊維	・ペクチン（果実） ・アルギン酸（海藻） ・グルコマンナン（こんにゃく） ・カラギーナン（寒天） ・イヌリン（ごぼう）	・糖質の吸収を遅らせる ・ナトリウムの吸収を抑制する ・腸内細菌による発酵を促す ・血清コレステロール値の正常化 ・排便促進作用
不溶性食物繊維	・セルロース（植物一般） ・キチン（カニ・エビなどの殻） ・リグニン（ココア・豆類）	・排便促進作用 ・腸内細菌の増殖を助ける ・有害物質の排泄

第4回

甲状腺ホルモンは**ヨウ素**を含んだホルモンで、全身の細胞に働いてエネルギー代謝や成長発育を促進する。亜鉛は**男性ホルモンとの関係が深い**とされる。下の表を参照。

問 19 正解 （2）

アルコールはもちろんのこと、コーヒーや緑茶、紅茶などの**カフェインを多く含むものも避ける**。

問 20 正解 （4）

幼児期は胃腸などの消化器官が小さく、機能も十分ではない。そのため、**3回の食事ではとれない栄養を間食で補う**という考え方が適切。

●母乳栄養の長所と短所

母乳の長所
・罹患率、死亡率が低い。
・乳児の消化作用や発育に最も適している。
・食物アレルギーを防げる。
・清潔・経済的。

母乳の短所
・成分の把握が困難。
・母乳の成分の欠乏や有害物質が、乳児に与える影響が大きい。

●主なホルモンと働き

分泌する臓器	ホルモン名	働きなど
甲状腺	サイロキシン	新陳代謝を活発にする。
	カルシトニン	血液中のカルシウム濃度を低下させる。
副甲状腺	パラトルモン	カルシウムとリンの代謝に関係する。
膵臓	インスリン	ランゲルハンス島 β 細胞で分泌。グリコーゲンや脂質の合成を促進して、血糖値を下げる。
	グルカゴン	ランゲルハンス島 α 細胞で分泌。グリコーゲンの分解を促進して、血糖値を上げる。
副腎皮質	アルドステロン	腎臓でナトリウムの再吸収を促し、カリウムを排出する。
	コルチゾール	炭水化物とたんぱく質の代謝に関係する。血糖値を上げる。
脳下垂体前葉	成長ホルモン	たんぱく質の合成と蓄積を促す。カルシウムとリンの代謝に関係し、骨の成長を促進させる。脂肪の燃焼を促進するなど。
脳下垂体後葉	オキシトシン	子宮収縮作用。
	抗利尿ホルモン	尿の濃度を調節する。
精巣	テストステロンなど	性の成熟や生殖に関係する。
卵巣	エストロゲンなど	

問21 **正解 (3)**

(1) ブドウ糖（グルコース）は単糖類。

(2) ショ糖はブドウ糖（グルコース）と果糖（フルクトース）からなる二糖類。ガラクツロン酸はペクチンの主成分。

(4) でんぷんは数万〜数百万のブドウ糖（グルコース）が結合したもの。

炭水化物の分類については、下表を参照。

問22 **正解 (4)**

誘導脂質とは、単純脂質や複合脂質が加水分解されることで生じたもの。組織の構成、エネルギー源としての利用の他、生理活性物質としての働きも持つ。

問23 **正解 (4)**

日本人は海産物の摂取が多く、ヨウ素欠乏は少ない。鉄の欠乏は貧血、食欲不振、集中力低下などを起こす。植物性食品には非ヘム鉄が多いので、吸収を高めるには、たんぱく質やビタミンCを同時に摂取するとよい。主な無機質の種類については、次ページの表を参照。

●糖類（炭水化物）の分類

分類		種類と多く含む食品
単糖類	ブドウ糖（グルコース）	果実類や根菜類などに含まれる。
	果糖（フルクトース）	果実類やはちみつなどに含まれる。
	ガラクトース	乳汁や海藻などに含まれる。
少糖類	ショ糖（スクロース）	ブドウ糖と果糖からなる二糖類で、さとうきびやさとう大根に含まれる。
	乳糖（ラクトース）	ブドウ糖とガラクトースからなる二糖類で、牛乳中や母乳中に含まれる。
	麦芽糖（マルトース）	2つのブドウ糖からなる二糖類で、水あめに含まれる。
多糖類	でんぷん（アミロース・アミロペクチン）	ブドウ糖が多数結合したもので穀類やいも類、豆類などに含まれる。
	グリコーゲン	ブドウ糖が多数結合したもので、動物の体内における炭水化物。肝臓と筋肉中に貯蔵されている。
	食物繊維	不溶性と水溶性があり、人の消化酵素では分解されない。野菜類、果実類、いも類、海藻などに含まれる。

第**4**回

問題 ➡ 問題編 P.68 〜 86

●主な無機質の種類と特徴

名称	特徴・ 主な働きなど	供給源・ 効果的な供給法など	欠乏症・過剰症
カルシウム (Ca)	骨や歯を作る。神経興奮の抑制、筋肉収縮、血液の凝固に関係する。	牛乳、乳製品、小魚、海藻類などに含まれる。ビタミンD、たんぱく質、乳糖と一緒にとると吸収率が上がる。リンと同量でとると吸収率がよい。	**欠乏症**：骨や歯がもろくなる病気。骨粗鬆症、くる病。 **過剰症**：ミルクアルカリ症候群、結石。
リン (P)	カルシウムと結合して骨や歯を作る。体液のpHを調整する。	肉類、魚介類、穀類、卵黄などに含まれる。食品添加物として加工食品に添加されているので、近年はとりすぎに注意。	**欠乏症**：発育不全。 **過剰症**：骨量・骨密度の低下。
鉄 (Fe)	酸素を体内に運ぶ役割をする赤血球中のヘモグロビンや、筋肉中のミオグロビンの主要成分。	レバー、海藻類、緑黄色野菜など。	**欠乏症**：鉄欠乏性貧血、子どもの発育不全。 **過剰症**：ヘモクロマトーシス (組織障害)。
マグネシウム (Mg)	成人の体内に約25 g存在し、大部分は骨に貯蔵されている。たんぱく質の合成、糖代謝に関与。筋肉収縮、神経伝達、血圧調節。	種実類、魚介類、海藻類、野菜類、豆類など。	**欠乏症**：けいれん、心筋梗塞。 **過剰症**：下痢。
亜鉛 (Zn)	骨、肝臓、腎臓、筋肉に存在する。新陳代謝の促進。味覚を正常に保つ。	魚介類 (牡蠣やうなぎなど)、肉類、海藻類など。	**欠乏症**：皮膚炎、味覚障害、脱毛症、子どもの発育不全。 **過剰症**：銅欠乏性貧血。
ナトリウム (Na)	神経興奮の伝達、筋肉収縮、体液の浸透圧調整。	食塩、しょうゆ、味噌など。とりすぎに注意する。	**欠乏症**：食欲不振、倦怠感、血圧低下。 **過剰症**：血圧上昇、腎障害。
セレン (Se)	脂質などの過酸化を防止する酵素のグルタチオンペルオキシダーゼに含まれる、必須微量元素の1つ。抗酸化作用。	ワカサギ、イワシ、牛乳、牛肉、動物の内臓、卵黄など。	**欠乏症**：日本人の通常の食事では欠乏の心配はないが、心機能不全、骨関節症が該当する。 **過剰症**：爪の変形、脱毛。
カリウム (K)	ほとんどが細胞内液にあり、血圧の調整、細胞内水分の調整などに関与する。	果実類、野菜類、いも類、豆類、魚類、肉類など。腎機能が低下している人は、摂取が制限される場合がある。	**欠乏症**：筋力低下、不整脈。 **過剰症**：特にない。

56

問 24　正解　（2）

(1) 一般的に高齢期は、過剰摂取による障害よりも低栄養が問題となることが多い。

(3) **サルコペニアとは加齢に伴い筋肉量が減少した状態。**

(4) エネルギーの必要量には個人差が大きい。

食品衛生学

問 25　正解　（4）

(1) 原因となる毒素を持った**植物プランクトン**を餌として食べることによって、体内に毒が蓄積される。主にアサリ、ムラサキイガイ、ホタテガイ、シジミなどの二枚貝。

(2) 毒成分にはサキシトキシン（麻痺性貝毒）、ゴニオトキシン（麻痺性貝毒）などがある。

(3) 貝毒を蓄積した貝は外見から判断できず、**加熱調理では分解されない。**

問 26　正解　（1）

(2) カビ毒は 100 〜 200℃ などの**通常の調理加工では完全に分解することはない。**

(3) 味噌、しょうゆなどの醸造には**麹カビ**が利用される。

(4) 餅のカビは氷山の一角が目に見えるだけであり、**削り取っても無毒にはならない。**

問 27　正解　（4）

(3) 食品中の微生物が利用できる水分（自由水）の割合を水分活性（Aw）という。一般に 1.0 に近いほど微生物は増殖しやすい。

(4) 一般に細菌は、**pH 6 〜 8 の中性域でよく生育する。**

問 28　正解　（4）

無鉤条虫は**牛**に寄生する。その他にクリプトスポリジウム（家畜などの糞便で汚染された飲料水）、肝蛭（牛・羊の肝臓に寄生）、ドロレス顎口虫（ヤマメなどの淡水魚に寄生）、マンソン裂頭条虫（ニワトリ、カエルなどに寄生）などがある。

問 29　正解　（4）

(4) 各部位の毒力と分布では、多くの種類で**卵巣**、**肝臓**に多い。精巣は、一部のフグを除いては無毒のものが多い。フグの毒化は、海洋細菌に由来する食物連鎖によるものとされている。テトロドトキシンは水に不溶で、酸および熱にも安定な物質で、調理加熱などの熱処理では無毒化できない。

問 30　正解　（4）

(1) キャリーオーバーは**原料から持ち越されたもの**のこと。せんべいに使用されるしょうゆに含まれる保存料など。

(2) 栄養強化の目的で使用される食

第 **4** 回

品添加物とは、**ビタミン、ミネラル、アミノ酸**など。

⑶ 加工助剤は、最終的に中和や除去されたりして**食品にほとんど残らないもの**。

⑷ 天然香料は動植物から得られるもので、食品の着香を目的に使用される。**表示が必要**。

食品の製造・加工・保存などのために必要な物質を食品添加物という。主な使用目的には、食品の腐敗・変質の防止、栄養価の維持などがある。食品添加物の用途名と物質名については、下表を参照。

問 31　正解　(2)

手洗い設備は調理場に入る前の前室や、調理区域・トイレなどの区域ごとに設置することが望まれる。人の動線に沿って、入室から各作業場区域の入り口近くに設置する。

問 32　正解　(3)

でんぷん性の汚れの検査には**ヨード溶液**が使われる。汚れがある場合には**濃青色**になる。

問 33　正解　(4)

腸管出血性大腸菌はベロ毒素産生大腸菌ともいわれ、O157やO26、O111などがある。生体内毒素型の典型的な菌。わずか10 ～ 100個という菌量で感染し、**ヒトからヒトへの2次感染もある**。

問 34　正解　(4)

夜間などの調理作業がない無人のときに殺菌灯をつけておくことで、**調理場全体を殺菌できる**。殺菌灯を直視すると、3 ～ 4時間後に眼が痛くなるといった症状が出ることもあるため、人が常時いる所での殺菌灯の直接照射は避けるべきであり、作業終了後に行う。

●食品添加物の用途名と物質名(例)

用途名	物質名（例）
甘味料	スクラロース、キシリトール、サッカリン、アスパルテーム
着色料	食用赤色2号、コチニール色素、β‐カロテン
保存料	ソルビン酸、安息香酸、しらこたん白抽出物
酸化防止剤	BHT、トコフェロール、エリソルビン酸
発色剤	亜硝酸ナトリウム、硝酸カリウム、硫酸第一鉄
防カビ剤または防ばい剤	イマザリル、オルトフェニルフェノール（OPP）
漂白剤	亜硫酸ナトリウム、亜塩素酸ナトリウム
増粘剤、安定剤、ゲル化剤または糊料	CMC、ペクチン、タマリンドガム

問 35　正解　(3)

HACCP システムに基づく衛生管理を効率的に実施するため、導入の方法に 12 の手順が示されているが、特に重要な 7 つの手順は、**7 原則**と呼ばれている。

問 36　正解　(1)

すべてが 2 次汚染とは限らず、**生産時よりさまざまな微生物にさらされている**。カビの生産する毒素をマイコトキシンと呼び、300 種以上がある。

問 37　正解　(1)

食品衛生行政を所管するのは**厚生労働省**。食品衛生監視員は検疫所や保健所に所属し、食品の収去や検査、食中毒の調査などを行っている。

問 38　正解　(1)

(1) **加熱**は、食品中の微生物を殺菌し、酵素を不活性化させることで保存性を高める方法。
(2) **冷凍**、**冷蔵**は、食品中の微生物の増殖を阻止、または活動を止めることにあるが、低温では死なないので注意する。O157 は比較的低温でも増殖する。
(3) **乾燥**、**脱水**は食品中の自由水の割合を減らすことで、細菌の増殖を抑えて保存性を高める方法。
(4) **乳酸発酵**などはよく使われる発酵による保存法といえる。

問 39　正解　(1)

一般に**動物性異物と植物性異物、鉱物性異物の 3 種類**に分類される。鉱物性異物とは、土砂、木片、プラスチック片、ガラス片など。動物性異物とは、ネズミのふん、昆虫の破片、毛髪など。植物性異物は植物片、種子、糸くずなど。

調 理 理 論

問 40　正解　(3)

繊維に**水平に切るか垂直に切るかで食感は異なる**。切断することにより表面積が広がり、熱の伝導がよくなり、味付けもしやすくなる。

問 41　正解　(2)

(1) 食品の表面積が広いと油脂の温度が低下しやすい。
(2) 一般的な揚げ物は 160 ～ 200℃ が適温であり、加熱時間が短く、**栄養成分の損失や形状の変化は少ない**。
(4) そうざい半製品は、そうざいに仕上げる加熱前の生に近い状態の加工品である。メンチカツで O157 食中毒が発生したことがあるため、中心部まで十分な加熱が必要である。

第 **4** 回

問 42 **正解 （3）**

蒸気が十分に出ないうちに食材が乗った容器を置いてしまうと、中途半端に水滴がつき水っぽくなる。蒸気が抜けすぎるときちんと蒸せないので、**ふたをこまめに開けたりしない。加熱中の味付けは難しいので、**下味をつけてから調理したり、調理後にあんをかけたり、ソースをかけたりする。

問 43 **正解 （3）**

魚介類やさといもなど、ぬめりのあるものは洗うときに塩や酢を使用する。**魚のぬめりはたんぱく質の一種でムチン、さといものぬめりはガラクタンという食物繊維の1つ。**塩もみしてから下ゆでをする。

問 44 **正解 （2）**

(1) 三杯酢は酢、しょうゆ、みりん（砂糖）を合わせたもの。合わせ酢の種類については下表を参照。

(2) 割りじょうゆは、しょうゆをだしや煮きり酒で薄めたものや、かんきつ類の絞り汁でしょうゆを割ったものを指すことが多い。

(3) 田楽味噌は、味噌、砂糖、みりん、酒を使う。

(4) 卵黄・酢・塩・砂糖は、**黄身酢の材料。**

問 45 **正解 （2）**

(2) の説明は**サンショウ**のもの。バニラはアイスクリームのフレーバーとして一般的である。ラン科の植物であり、バニラの果実をキュアリング（発酵と乾燥）を経て成熟させたもの。そこから取り出した種がバニラビーンズと呼ばれ、バニラ香料の原料となる。

●合わせ酢の種類と一般的な調味料材料

合わせ酢	調味料材料	適する材料
甘酢	酢1：砂糖1　※塩適量	野菜、魚
二杯酢	酢（1～2）：しょうゆ1	タコ、カニ、塩焼きの魚
三杯酢	酢4：しょうゆ1：砂糖1.5　※塩適量	魚一般、野菜類
ポン酢	かんきつ類のしぼり汁1：しょうゆ1	鍋もの、焼き魚、刺身
吉野酢	吉野くず、だし、甘酢	イカ、きゅうり、うど
黄身酢	酢、塩、砂糖、卵黄	イカ、タコ、貝類
たで酢	タデ、三杯酢	焼き魚
土佐酢	かつお節、二杯酢	タコ、牡蠣、大根

問 46　正解　(2)

(1) 対比効果は、異なる2つの呈味刺激を同時もしくは経時的に与えたとき、片方の味を強める現象。例えば、すいかに塩を振ると甘味を強める。これは甘味と塩味による同時対比である。他には、甘いものを食べたあとに果物を食べると酸味を強く感じるのは、経時対比である。

(2) 相乗効果は、同種で成分の異なる2つの呈味刺激を混合して与えたとき、両者の和以上にその味が増強される現象である。代表的なのは、うま味で、かつお節とこんぶ、肉と野菜など。だし汁に食塩を加えるのは、うま味が強調される対比効果である。

(3)(4) 抑制効果は、異なる2つの呈味刺激を同時に与えたとき、一方の味が他方の味を抑制し弱める現象のこと。苦味と甘味、塩味と酸味、酸味と甘味、塩味とうま味。下表を参照。

問 47　正解　(1)

(2) はるさめは3.0〜4.0倍。

(3) 凍り豆腐は5.0〜7.0倍。

(4) カットわかめは8.0〜10.0倍。

●乾物の吸水時間と増加倍率（例）

食品名	吸水時間	増加倍率 （重量）
わかめ	5〜10分	8.0〜10.0
ひじき	20〜30分	8.5
干し貝柱	24時間	2.0〜2.5
干し椎茸	20〜120分	4.5〜5.5
ゆば	4〜5分	3.0〜4.0
凍り豆腐	10〜20分	5.0〜7.0
切干大根	30〜40分	4.5〜5.5
はるさめ	3〜4分	3.0〜4.0

●味の相互作用と調理例

分類	現象	調理例
抑制効果	一方の味が他方の味を抑制する。	コーヒーに砂糖を加えると苦味が弱くなる。
変調効果	先に食べたものの味の影響で、あとの食べ物の味が変化する。	濃い食塩水を味わったあとの水は甘く感じる。
対比効果	2つの味を同時に食べたとき、一方の味が他方の味を強める。	すいかに塩をかけて食べると、甘味が強く感じられる。
相乗効果	同種で成分の異なる2つの味を混合したとき、両者の和以上に味が増強される。	かつお節とこんぶやしいたけの混合だしで、うま味が増強される。

第**4**回

問 48 　正解 　(3)

(1) **肉の繊維は魚より長いものが多く、繊維に対して直角に包丁を入れるようにする。**

(2) 筋原線維たんぱく質が熱で凝固する温度は 45 〜 50℃付近だが、この状態では**肉はやわらかく感じられる。**

(4) 肉をゆでると出るあくはたんぱく質が凝固したものであり、**シュウ酸は含まれていない。**

問 49 　正解 　(2)

(1) 65 〜 70℃の湯の中に 20 〜 30 分保つと、卵黄がほぼ固まり卵白はどろどろした温泉卵ができる。

(2) **卵白**のたんぱく質から発生したイオウ分が**卵黄**中の鉄分と結びついて青黒く変色する。

(3) 卵白に油類を添加すると、**油でたんぱく質の膜が壊れてしまう**ため泡立ちが悪くなる。

(4) **牛乳にはカルシウムがあるため**凝固を促進する。

問 50 　正解 　(3)

(1) 砂糖に食酢（酸）を加えて加熱すると、**ショ糖の一部に分解が起こり、転化糖（ブドウ糖と果糖の混合物）になる。**転化糖は吸湿性があり、飴が再結晶するのを防ぐ。

(2) 砂糖を加えるとたんぱく質の凝固温度が高くなり、**熱凝固を抑制する。**

(3) 177℃以上で明確にカラメル化する。カラメルは甘い香りと苦味を持つ。

(4) **砂糖は 58.4%の濃度で防腐効果が期待できる。**

問 51 　正解 　(4)

(1) ゼラチンは**動物の筋や腱**などを原料とする。

(2) カラギーナンはスギノリやツノマタといった**海藻類**を原料とする。

(3) 寒天はてんぐさ、オゴノリなどの紅藻類を原料とする。わかめを原料とするゲル状食品はアルギン酸。

(4) ペクチンはりんごの絞りかすやレモン、オレンジなどの**かんきつ類の皮を原料とする。**

寒天とゼラチンの特徴については、次ページの表を参照。

問 52 　正解 　(2)

(1) **ゼラチンの主成分はたんぱく質で**ある。

(3) 砂糖の添加により**ゼリー強度は高まる。**

(4) 酸にはやや弱く、**強度は低下する。**

問 53 　正解 　(2)

魚臭は**トリメチルアミン**が主成分である。**硫化アリルはにんにくの臭気成分。**

問 54 正解 （4）

(1) 漬物のように食塩水に浸す場合がある。

(2) あく抜きや褐変の防止が目的である。

(3) やわらかくしたり、均一に加熱するためである。

浸漬の目的には、①乾燥食品を吸水によりもどす、②調味料を浸透しやすくする、③不味成分やうま味成分の浸出、④塩蔵品の塩出し、⑤酵素作用などによる変色を抑える、⑥舌ざわりや歯切れなどテクスチャーを変化させる、などがある。

問 55 正解 （3）

(1) 食塩(精製塩)大さじ1杯…約18 g。

(2) 砂糖（上白糖) 大さじ1杯…約 9 g。

(4) マヨネーズ大さじ1杯…約12 g。

問 56 正解 （3）

ポアソンとは魚のことで、フュメ・ド・ポアソンは、白身魚のあらと野菜から短時間（30分程度）で煮出したブイヨンで魚料理やソースの基本となる。

問 57 正解 （2）

(2)の説明は吉野仕立てのもの。潮仕立ては鮮度のよい魚介類を使い、それから出るだしに、こんぶ、酒を入れ塩で味付けするもののこと。

●寒天とゼラチンの特徴

	寒天	ゼラチン
原料	海藻（てんぐさなど）	動物性たんぱく質（動物の骨や皮、腱、スジ）
主成分	炭水化物（多糖類）	コラーゲン（たんぱく質）
溶解温度	90℃以上（沸騰させて煮溶かす）	50〜60℃（湯煎で溶かす）
凝固温度	30〜35℃	20℃以下（氷水や冷蔵庫で冷やし固める）
ゲルの状態	かたく、弾力性がない	やわらかく、弾力がある
	粘りがない、ツルンとしたのどごし	独特の粘りがある、口の中で溶ける
	離水しやすい	保水性が高い
	室温で安定	夏季にくずれやすい

第4回

問題 → 問題編 P.68〜86

食文化概論

問58　正解　（3）

⑴ 5月5日の端午の節句は、**柏餅やちまき**など。

⑵ 3月3日の桃の節句、いわゆるひな祭りは、**菱餅やはまぐりの吸い物、ひなあられ**など。

⑶ 秋分の日はおはぎ。

⑷ 12月22日ごろの冬至は**小豆がゆ、かぼちゃ料理**など。

江戸時代に**五節句**が定められ、季節の変わり目の節句には**節供**と呼ばれる料理をつくって神にささげる行事を行った。現代にまで、一般的なものが五節句の食事として残っている。

●五節句の月日と食事

節句名	月日	食事
人日（じんじつ）	1月7日	春の**七草**をかゆにして食す
上巳（じょうし）	3月3日	**はまぐりの吸い物、菱餅**、ひなあられ、白酒
端午（たんご）	5月5日	**ちまき、柏餅**、しょうぶ酒
七夕（しちせき）	7月7日	**冷や麦、そうめん**、うり、なす
重陽（ちょうよう）	9月9日	**本膳料理**、菊の花びらを浮かべた酒、栗ご飯（栗の節句ともいわれている）

問59　正解　（3）

「和食：日本人の伝統的な食文化」が**ユネスコ無形文化遺産に登録されたのは2013年**。2010年に登録されたのはメキシコの伝統料理。

問60　正解　（4）

⑴ イスラム教は豚肉を食べてはならず、飲酒も禁止している。イスラム教の戒律によって食べることが許された食べ物はハラルフードという。

⑵ ユダヤ教はひずめが割れていて反芻（はんすう）する動物のみを食べてもよいとしていて、牛・ヤギ・羊などは食してもよい。

⑶ ヒンズー教は牛を聖なるものとして食べてはいけない。

⑷ **キリスト教は宗派にもよるが食物禁忌はほとんどない。**

公衆衛生学

問 1　正解　(1)

公衆衛生活動は、日本国憲法第25条をもとに、組織的な活動によって実施されている。**憲法第25条の法文**は、「すべて国民は、**健康**で文化的な最低限度の生活を営む権利を有する。国は、すべての生活部面について、社会福祉、社会保障及び**公衆衛生**の向上及び**増進**に努めなければならない。」となっている。

問 2　正解　(2)

産前6週間、産後8週間の女性を就業させることはできない。産前については、当該労働者が請求した場合に就業させてはならない期間。産後については、6週間は強制的な休業であるが、6週間を経過したあとは、労働者本人が請求し、医師が支障がないと認めた業務に就かせることはさしつかえない。

問 3　正解　(4)

飲食店営業施設では、調理師法第8条の2に調理師を置くように努めなければならないと、**調理師の設置努力義務**が定められている。調理師を置くように努めなければならないと定められている施設としては、学校や病院などの施設で飲食物を調理して提供しているところや、飲食店、魚介類販売業などがある。

問 4　正解　(3)

(1) 一般家庭の日常生活から出る一般廃棄物は、**市町村**が処理をする。
(2) 工場などの事業活動から出る産業廃棄物は、**事業者**が処理をする。
(4) パソコンは「**資源有効利用促進法**」の対象商品である。

問 5　正解　(4)

(1) シックハウス症候群は、**化学物質による室内の空気汚染**のほか、**細菌やカビ、ダニ**なども原因となる。

(2) めまいや頭痛の他には、**のどの痛み、鼻炎、呼吸障害、嘔吐**などの症状が見られる。

(3) 一酸化炭素による影響として、**一酸化炭素中毒、酸素欠乏症**などがある。

(4) 体内にはプロビタミンDと呼ばれる有機化合物があり、紫外線の作用により**ビタミンD**に変わる。

問 6 正解 （4）

大気の汚染、水質の汚濁、土壌の汚染、騒音、振動、地盤の沈下、悪臭の7種類は、**典型7公害**と呼ばれている。

問 7 正解 （4）

(1)(2) 非電離放射線には**紫外線、可視光線、赤外線、テレビやラジオの電波**などがある。**電離放射線**には、**レントゲン撮影**に利用される**X線**、じゃがいもの発芽防止に使われる**ガンマ線**などがある。

(3) **紫外線は目に見えない光**で、**太陽光線に含まれている**。殺菌効果があるが、紫外線の種類により発がん性があるといわれる。

問 8 正解 （3）

マスクや手洗いは**感染源**対策ではなく、**感染経路**対策である。感染症予防の原則については右上の表を参照。

●感染症予防の三原則

感染源対策	患者の隔離、病原体の排除、消毒などで、病原体がなくなってしまえば感染しない。
感染経路対策	マスク、手洗い、手袋、上下水道の整備、汚物処理などで感染経路がなくなれば感染しない。
感受性対策	感受性があるのは、病気の抗体を持っていない感染しやすい人で、最も有効な手段が予防接種である。

問 9 正解 （1）

感染経路には接触感染（経口感染を含む）、飛沫感染、空気感染、血液感染、節足動物媒介感染などがある（右ページの表を参照）。このように病原体が人体へ侵入する経路にはさまざまあるが、主に飲食物とともに口から感染して発症する感染症を経口感染症という。**コレラ**は**経口感染**の1つである。

●感染症の感染経路

感染経路		特徴	主な原因微生物
直接伝播	直接感染	感染者と性交する、土壌中の常在菌が傷口から侵入する、狂犬病にかかった犬にかまれる。	狂犬病ウイルス 破傷風菌 ヘルペスウイルス
	飛沫感染	咳、くしゃみ、会話などで飛沫粒子（5μm以上）により伝播する。1m以内に床に落下し、空中を浮遊し続けることはない。	インフルエンザウイルス 風しんウイルス 風邪ウイルス
	垂直感染	保菌者である母親が、出産に際して胎盤や産道を通して子どもに感染する。	HIV（ヒト免疫不全ウイルス） 梅毒トレポネーマ（スピロヘータの一種）
間接伝播	媒介物感染	手指・食品・器具を介して伝播する頻度の高い伝播経路。	ノロウイルス、コレラ菌 腸管出血性大腸菌 黄色ブドウ球菌、赤痢菌
	媒介動物感染	感染した蚊、ノミ、ダニなどに刺されて感染する。ハエ、ゴキブリなどの体表面に病原菌が付着して感染する。	日本脳炎ウイルス（蚊） デング熱ウイルス（蚊） ペスト菌（ノミ） マラリア原虫（蚊） つつが虫病リケッチア（ダニ類）
	空気感染	咳、くしゃみなどで、飛沫核（5μm以下）として伝播する。空中に浮遊し、空気の流れによって飛散する。	結核菌 麻しんウイルス 水痘ウイルス

食品学

問10　正解（3）

(1) 食品衛生法では、**10℃以下の貯蔵**を冷蔵保存という。

(2) 日本冷凍食品協会の自主基準では−18℃以下となっているが、食品衛生法の規定では**−15℃以下**となっている。

(4) 食品を詰めすぎると庫内の冷気**の流れが悪くなる**ので、あまり詰め込んではいけない。

冷凍食品の分類については、次ページ参照。

問11　正解（2）

(1) 魚介類は**たんぱく質を20%程度**含んでおり、食肉類と同等の数値である。炭水化物は**1～2%**と少ない。

第5回

(2) 魚油には、ドコサヘキサエン酸（DHA）やエイコサペンタエン酸（EPA）などの**不飽和脂肪酸**が多く含まれている。

(3) 頭足類は**イカ**、**タコ**であり、**アミノ酸**の**ベタイン**（トリメチルグリシン）がうま味成分。甲殻類のエビ、カニは**グルタミン酸**や**イノシン酸**がうま味成分。

(4) 貝類の旬は**脂肪やグリコーゲンの多い時期**。

うま味成分の分類については、下表参照。

問12 **正解 （2）**

他の生物から有用な性質を持つ遺伝子を取り出し、その性質を持たせたい植物などに組み込む技術を利用し

●**冷凍食品の分類（食べる前の加熱が必要かどうかによる）分類**

分類	特徴	種類
無加熱摂取冷凍食品	凍結前の加熱の有無にかかわらず、食べる前に加熱を必要としないもの	フローズンケーキ 果実類　など
生食用冷凍鮮魚介類	切り身またはむき身にした鮮魚・魚介類	魚介類の刺し身 むき身　など
加熱後摂取冷凍食品（凍結前未加熱）	凍結前は未加熱または一部加熱済みであり、食べる前に加熱を必要とするもの	衣をつけたフライ類 餃子　など
加熱後摂取冷凍食品（凍結前加熱済）	凍結前に加熱済みであり、さらに食べる前に加熱を必要とするもの	フライドポテト うなぎの蒲焼き　など

●**うま味成分の分類**

分類	生成の特徴	うま味の種類
アミノ酸系物質	たんぱく質の構成単位	グルタミン酸、アスパラギン酸、ベタイン、タウリン
核酸系物質	たんぱく質合成および遺伝物質に関与する	イノシン酸、グアニル酸、アデニル酸
有機酸物質	エネルギー代謝サイクルに重要な物質	コハク酸

て作られた食品を、**遺伝子組換え食品**という。日本で安全性が確認され、流通させることが認められている遺伝子組換え食品は、2023年10月時点では、**ばれいしょ（じゃがいも）、大豆、てんさい、とうもろこし、なたね、わた、アルファルファ、パパイヤ、からしなの9種類**である。

問 13　正解　（3）
チルド食品とは冷蔵のことを意味し、「チルド食品」とは品質を保持するために **0〜10℃程度の低温冷蔵で保存された食品**のこと。日本では食品衛生法に基づき、原則として**食品に放射線を照射してはならない**こととなっているが、例外としてじゃがいもの発芽防止にのみ認められている。

問 14　正解　（4）
機能に関する表示を行うことができる栄養成分は、脂肪酸1種類（n-3系脂肪酸）、ミネラル6種（亜鉛、カリウム、カルシウム、鉄、銅、マグネシウム）、ビタミン13種（ナイアシン、パントテン酸、ビオチン、ビタミンA、ビタミンB_1、B_2、B_6、B_{12}、ビタミンC、ビタミンD、ビタミンE、ビタミンK、葉酸）である。

問 15　正解　（3）
(1) **乾燥法**とは、食品を**乾燥**させることで食品に含まれる水分量を減らし、食品に**保存性**を持たせる貯蔵方法である。乾燥法の種類は、**自然乾燥法**と**人工乾燥法**に大きく分けられる。

(2) 煙成分による**防腐効果**や**抗酸化作用**を利用した貯蔵法を**燻煙法**という。

(3) **CA貯蔵**とは、**酸素を少なくし、炭酸ガスを多くした人工空気中で密閉**して貯蔵する方法である。

(4) **塩蔵法（塩漬け）**とは、食品を**食塩や食塩水に漬けて**保存する方法である。**糖蔵法（砂糖漬け）**は、野菜類や果実類を**砂糖に漬けたり、砂糖液で煮詰める**貯蔵方法である。

●燻煙法の種類

燻煙法	おおよその温度(℃)範囲	時間	例
冷燻法	15〜30	3〜5週間	鮭の冷燻製、骨付きハム、ベーコン、ドライソーセージ
温燻法	30〜80	3〜8時間	鮭の温燻製、ボンレスハム、ロースハム、ソーセージ類
熱燻法	120〜140	2〜4時間	いか燻製、スペアリブやラムなどの骨付き肉

第5回

栄養学

問 16 正解 （4）

正しくは「食塩は控えめに、脂肪は**質と量を考えて**」。他には「食事を楽しみましょう」「1日の食事のリズムから、健やかな生活リズムを」「適度な運動とバランスのよい食事で、適正体重の維持を」「日本の食文化や地域の産物を生かし、郷土の味の継承を」「食料資源を大切に、無駄や廃棄の少ない食生活を」「食に関する理解を深め、食生活を見直してみましょう」といった項目がある。

問 17 正解 （2）

(1) ヘモグロビンは鉄を含むたんぱく質で、複合たんぱく質の一つ。銅を含むのはヘモシアニン。

(2) 炭水化物、脂質、たんぱく質の三大栄養素のうち、**窒素を含むのはたんぱく質のみ**である。

(3) 1gで**4kcal**のエネルギーを持つ。

(4) 1～49歳は13～20%、50～64歳は14～20%、65歳以上は15～20%の摂取が目標値とされる。

問 18 正解 （4）

(1)(2) 骨粗鬆症は、新たに骨が作られること（骨形成）と骨が壊されること（骨吸収）のバランスが崩れ、**骨密度が低下して骨がスカスカに**なる症状。圧倒的に**女性に多い**。

(3) 子どもの頃から**カルシウム**を十分にとることが、骨粗鬆症の予防になる。

(4) 高齢になっても、カルシウムを十分にとることで**進行を抑制できる**。

問 19 正解 （1）

国民健康・栄養調査は、健康増進法に基づき**厚生労働省**により原則として**毎年**実施されている。食事摂取基準は5年ごとに見直すことになっている。

問 20 正解 （1）

(1) エイコサペンタエン酸（EPA）やドコサヘキサエン酸（DHA）は、青魚に多く含まれる。

(2) 必須脂肪酸は一般的には**リノール酸、α－リノレン酸**の**2種類**をさすが、広い意味では、**エイコサペンタエン酸**（EPA）や**ドコサヘキサエン酸**（DHA）、**アラキドン酸**も含まれる。

(3) ステロイドホルモンには、**性ホルモン**や**副腎皮質ホルモン**がある。コレステロールは胆汁酸やビタミンDの材料となる。

(4) 胃内停滞時間は、**炭水化物→たんぱく質→脂質**の順に長くなる。

問 21　正解　(3)

2019（令和元）年の国民健康・栄養調査の結果によると、「糖尿病が強く疑われる者」の年齢階級別では、50歳代男性で17.8％・女性5.9％、60歳代男性で25.3％・女性10.7％、70歳以上で男性26.4％・女性19.6％と、**年齢が高いほど割合が高くなる**。

問 22　正解　(2)

慢性胃炎では、特別な症状がなければ胃の負担になるもの以外は特に**制限の必要はない**ので、バランスのよい食事を心がける。急性胃炎では、症状の激しい1日目は絶食とし、かゆなどの軟食から常食へと移行する。

問 23　正解　(2)

腎炎では、**たんぱく質を制限**し、炭水化物・脂質を中心に十分なエネルギーを摂取する。また、**食塩と水分も制限**する。

問 24　正解　(2)

(1) 新生児で約75％、子どもで約70％、**成人で60～65％**、老人で50～55％が水分。

(3) 体内の水分が**2％減少すると脱水症状**が、10％減少すると筋肉のけいれん、循環不全が起き、**20％では死に至る可能性がある**。

(4) 周囲の温度や湿度、身体活動の程度により**変動する**。一般に1日に必要な水分量は食事から約1L、飲み物から約1.2L、代謝水で約0.2L、**合計約2.5L**である。

食品衛生学

問 25　正解　(4)

エンテロトキシンは、**黄色ブドウ球菌**の産生する毒素である。腸炎ビブリオは、腸管内で毒素を出す**感染毒素型**である。

問 26　正解　(3)

(1) **ウイルス性食中毒は12～3月頃**が多く、**細菌性食中毒は6～9月頃**の気温・湿度が高いときに発生しやすい。

(2) 食中毒は原因物質によって、**細菌性、ウイルス性、寄生虫、化学性、自然毒、その他に分類される**。

(4) 細菌が増殖しても、**色や香り、味などで判別することはできない**。

消費期限とは、開封していない状態で、表示されている保存方法に従って保存したとき、**食べても安全な期限を過ぎたら食べないほうがよい期限**。一方、賞味期限とは同様に保存したとき、おいしく食べられる期限を表示したもので、**期限を過ぎたら食べられないということではない**。

問 28 　正解 　(4)

長年の使用実績がある天然添加物は**既存添加物**という。**一般飲食物添加物**とは、一般に食品として飲食に供されるものであって、添加物としても使用されるものをいう。オレンジ果汁による着色、こんにゃくのマンナンによる増粘などの用途で使用される。品目は「一般飲食物添加物品目リスト」に収録されている。

問 29 　正解 　(1)

水道水の基準（水質基準）では、**大腸菌は検出されないこととなっている**。

問 30 　正解 　(3)

ウイルスは他の微生物とは大きく異なり、細胞壁、細胞膜、細胞質、核などの構造を持たず、その**構造は単純**である。

問 31 　正解 　(3)

(1) じゃがいもの毒成分は**ソラニン、チャコニン**。

(2) トリカブトは**アコニチン**。

(4) 毒きのこは**ムスカリン**など。シクトキシンは**ドクゼリの毒素成分**である。自然毒の種類については、右ページの表を参照。

問 32 　正解 　(3)

(1) 菌を増やさないよう増殖を抑えるのは**増殖抑制**である。

(2) 感染症を防げる程度まで病原菌を殺すのは**消毒**である。

(4) **殺菌**の中に、滅菌と消毒という分類がある。

問 33 　正解 　(3)

調理器具や揚げ油、麺のゆで汁などを介してアレルギー原因物質が意図せず混入することがある。これをコンタミネーションという。**アレルギー対応食は最初に調理する**。

問 34 　正解 　(4)

食品の残留農薬基準は、**食品衛生法**で定められている。

●自然毒の種類

①動物性自然毒

種　類	有毒成分	毒素の存在
フグ	テトロドトキシン	内臓、特に卵巣と肝臓
イシナギ	ビタミンA過剰	肝臓
シガテラ毒魚	シガトキシン	全体
アサリ・カキ	ベネルピン	中腸腺（肝臓・膵臓）
ホタテ・イガイ	サキシトキシン（麻痺性貝毒）	中腸腺（肝臓・膵臓）
バイガイ	ネオスルガトキシン	中腸腺（肝臓・膵臓）
ヒメエゾボラ（ツブ貝）	テトラミン	だ液腺

②植物性自然毒

種　類	有毒成分	備　考
毒きのこ	ムスカリンなど	――
トリカブト	アコニチン	――
ドクゼリ	シクトキシン	――
バイケイソウ	ベラトラミン	――
じゃがいも	ソラニン、チャコニン	芽および皮の緑変部
青梅	アミグダリン	種子、未熟な果肉
スイセン	リコリン	葉をニラと間違えやすい

③フグの種類と毒の強さ（○は可食部、×は有毒）

種　名	卵巣	精巣	肝臓	腸	皮	筋肉
トラフグ	×	○	×	×	○	○
マフグ	×	○	×	×	×	○
ショウサイフグ	×	○	×	×	×	○
シマフグ	×	○	×	×	○	○
ゴマフグ	×	○	×	×	×	○
シロサバフグ	×	○	×	×	○	○

（厚生労働省HPより）

問35　正解　（2）

検食は、**調理済み食品だけでなく、原材料も同じ方法で保存する**。なお、二枚貝など、ノロウイルス汚染のおそれのある食品の場合は、85〜90℃で90秒間以上加熱が必要である。

問36　正解　（4）

主な原因食品は、**サンマ、アジ、イワシなどの干物やさばの煮付け、マグロの味噌漬け**などである。ヒスタミンを高濃度に含む食品を食べた場合、通常1時間以内に顔面が紅潮し、頭痛、じんましんなどの症状を発症する。

問37　正解　（2）

食中毒は、その原因となる細菌やウイルスが食べ物に付着し、体内へ侵入することによって発生する。食中毒を防ぐためには、細菌の場合は、細菌を食べ物に「**付けない**」、食べ物に付着した細菌を「**増やさない**」、食べ物や調理器具に付着した細菌を「**やっつける**」という3つのことが原則となる。ウイルスの場合は、食品中で増えないので、「増やさない」は当てはまらない。「持ち込まない」「広げない」「つけない」「やっつける」の4つとなる。

問38　正解　（3）

肉類は死後一時的に**酸性**に傾くが、自己消化期間が過ぎると徐々に**中性**となり、その後は急激に**アルカリ性**へと向かう。

問39　正解　（4）

(1) サルモネラ属菌は**鶏卵**、**食肉**など。

(2) ウェルシュ菌は**カレー**、**シチュー**など。

(3) 腸管出血性大腸菌は**ユッケ**、**ローストビーフ**など。

調理理論

問40　正解　（2）

(1) しいたけのうま味成分は**グアニル酸**である。

(2) 生しいたけよりも、**干ししいたけのほうがうま味が強い**。

(3) 干ししいたけは冷水でもどしたほうがうま味の損失も少なく、上手にもどせる。急ぐ場合には、ぬるま湯でもどすこともある。

(4) **もどし汁にはうま味成分が溶け出す**ので、利用するとよい。

問41　正解　（3）

(1) ナチュラルチーズは組織を構成する脂肪、たんぱく質、水分などの粒子が粗く構造が単純なた

め、**加熱によって簡単に分離される**。そのため、溶けて糸を引くようなとろみ具合となる。

(2) **カッテージチーズやモッツァレラチーズ**などは熟成させない。

(3) プロセスチーズは1種類もしくは数種類のナチュラルチーズを**粉砕、加熱溶解して乳化し、成形・包装**したもの。加熱してあるので熟成は進まない。

(4) 軟質、半硬質、硬質、超硬質に分類されるのは、**ナチュラルチーズ**である。

問 42 正解 （2）

焼く20～30分前に塩をまぶし、水分が出てくるのでキッチンペーパーなどで丁寧に拭き取ってから焼くとよい。表面に塩をまぶすと水分と一緒に臭いやぬめりを取ることができる。なお、煮魚の煮汁は少なくし、落とし蓋をして魚全体に煮汁がかかりやすくする。

問 43 正解 （3）

衣揚げ（天ぷら）の吸油量は**10～15%**である。揚げ物の吸油量および種類と特徴については、下の表を参照。

問 44 正解 （1）

電子レンジ加熱の特徴は、次の5つ。
①食品自体が発熱するので温度上昇が早く、**照射されたエネルギーの利用効率が高い**。
②水分が蒸発しやすく、**食品の重量減少が大きい**。
③食品内部と外部の温度差が少なく、**焦げ目は生じない**。
④食品の形や性質により、**加熱むらができる**。
⑤金属はマイクロ波を反射するので、**金属容器やアルミ箔は使えない**、また、プラスチック製品は、耐熱温度を確認して使用する。

●揚げ物の吸油量および種類と特徴

種類	吸油量（%）	特徴
から揚げ	8～10	材料に小麦粉やでんぷんをつけて揚げること。鶏のから揚げ、竜田揚げなど。
フライ（パン粉）	10～15	食品の周辺にパン粉をつけて揚げる。フライやコロッケなど。加熱は短時間で、180～190℃と高温である。
素揚げ	5～8	食品をそのまま揚げることで、下ごしらえとして使われることもある。フライドポテトなど。

第5回

正解　(3)

(1) 動物の皮や筋に含まれる**コラーゲン**は冷水に溶けないが、長時間加熱すると、次第に溶けて**ゼラチン**になる。

(2) たんぱく質は水に溶けやすい部分が多く、**親水性**がある。

(4) カルシウムやマグネシウムのような無機質は、たんぱく質を**凝固**しやすくする。

問 46　**正解　(4)**

(1) 葉菜に塩を加えると、細胞膜の内側の浸透圧が**低くなる**ため、水分が外部に浸出する。

(2) 食塩の主な呈味成分は**塩化ナトリウム**である。

(3) 適度と感じる塩分濃度は**0.8〜1.2%程度**。

問 47　**正解　(2)**

(1) 重曹を入れると煮汁はアルカリ性になり、やわらかくなる。しかし、アルカリ性ではビタミン B_1 が減少する。ビタミンの種類と働きについては、右ページの表を参照。

(2) 小豆は浸漬をしないでいきなり煮る。これは胴割れを防ぐためである。湯煮したあと、ゆで汁をきって（渋きり）から、**分量の砂糖を3回ぐらいに分けて加えて煮る**。

(3) 黒豆のアントシアニン系色素が金属イオンと結びつき、**安定した色素になる**。

(4) **一度に砂糖を加えると**、豆の内側の水分が急に抜かれるので、**しわがよる**。そのため、数回に分けて入れる。特に黒豆は、皮にしわがよらないように工夫して煮る。

問 48　**正解　(3)**

(1) こんぶだしは水から浸漬し、**静かに加熱して汁が沸騰しないうちに取り出す**。

(2) かつおだしはかつお節を薄く削って**沸騰水**に入れ、さっと加熱して火を止め、かつお節が沈んだらこす。

(4) フォン・ド・ポアソンは、**魚から**とったものである。

だしの材料と調理方法については P.78 の表を参照。

問 49　**正解　(3)**

(1) 米は**外皮がやわらかい**ので、粒をこすり合わせるだけで外皮を取り除き、内部の胚乳（はいにゅう）を残して精白できる。

(2) 洗米のはじめの1〜2回は**たっぷりの水を加えて**さっと洗い、手早く水を捨てる。

(4) 炊飯の水加減は、**容量の1.1〜1.2倍**(新米では同量程度)、**重量の1.4〜1.5倍**。

●ビタミンの種類と働き

	種類	特　性	欠乏症	多く含む食品
脂溶性ビタミン	A	●視覚・皮膚・粘膜の保全 ＊カロテンは体内でビタミンAになる	夜盲症・角膜乾燥 （過剰症あり）	・レバー ・緑黄色野菜
	D	●カルシウムの吸収促進 ●骨・歯の石灰化促進 ＊日光により体内で合成	骨疾患・くる病 （過剰症あり）	・レバー、卵黄 ・牛乳 ・干ししいたけ
	E	●抗酸化作用・生体膜の安定化 ＊若返りのビタミン	不妊症 食品に広く存在するため欠乏症は見られない	・かぼちゃ ・うなぎ ・アーモンド
	K	●血液凝固 ＊腸内細菌により合成される	出血しやすくなる	・キャベツ ・ほうれん草 ・レバー
水溶性ビタミン	B₁	●糖質の代謝の補助 ＊糖質と一緒に摂取する	脚気・集中力の欠如	・うなぎ、豚肉 ・玄米
	B₂	●成長促進・脂質の代謝補助 ＊発育ビタミン	口内炎・口角炎	・レバー、牛乳 ・イワシ
	B₆	●たんぱく質代謝の補助 ＊腸内細菌により合成される	（欠乏症はほとんど見られない）	・穀類、牛乳 ・肉類
	B₁₂	●赤血球のヘモグロビンの合成を助ける	巨赤芽球性貧血 末梢神経障害	・動物性食品 （植物性食品にはほとんど含まれない）
	パントテン酸	●糖質や脂質の代謝の補助	－	・動物性食品、植物性食品に広く含まれる
	ビオチン	●脂肪酸の合成	－	・動物性食品、植物性食品に広く含まれる
	ナイアシン	●エネルギー代謝の補助 ＊体内でトリプトファンから合成される	ペラグラ 皮膚の発育障害	・肉類 ・魚類 ・落花生
	葉酸	●造血作用、成長・妊娠の維持	貧血 胎児の発達障害	・レバー ・枝豆、菜花
	C	●コラーゲンの合成 ●病原菌に対する抵抗力をつける	壊血病	・野菜、かんきつ類 ・いも

●だし素材の調理方法

だし素材	調理方法
こんぶ	水から入れ、沸騰直前に取り出す
かつお節	沸騰したところに入れ、短時間加熱する
煮干し	水から入れ、15分程度加熱する
干ししいたけ	冷水でもどす。急ぐ場合にはぬるま湯でもどす
肉	水から入れ、1.5～3時間加熱する
魚	水から入れ、約30分間加熱する

●だしの種類と主なうま味成分

種　類	材　料	主なうま味成分
かつおだし	かつお節	イノシン酸
こんぶだし	こんぶ	グルタミン酸
混合だし	かつお節・こんぶ	イノシン酸・グルタミン酸
煮干しだし	煮干し	イノシン酸
精進だし	干ししいたけ・こんぶ	グアニル酸・グルタミン酸
ブイヨン	牛すね・魚・鶏骨	アミノ酸・ヌクレオチド
湯（タン）	豚肉・豚骨・干し貝柱	アミノ酸・ヌクレオチド・コハク酸

問50 **正解（3）**

(1) えぐ味は**ホモゲンチジン酸**や**シュウ酸**、苦みは**アルカロイド**、渋みはタンニン系物質による。

(2) ほうれん草は、たっぷりの湯に**塩をひとつまみ入れてゆでる**。あくを出したあとはすぐ冷水に取って、色止めする。

(4) なすは**あくが強く**、切ったまま置いておくと**褐色に変わる**ので、すぐに塩水にさらす。

●食材をゆでるときの添加物と効果

添加物	効果
塩	青野菜の色素の分解を防ぎ、色をよくする。
米ぬか	たけのこに含まれるえぐ味を流出させ、組織もやわらかくする。
重曹	わらびやぜんまいなど繊維の多い野菜をやわらかくする。緑色を鮮やかにする。
明礬（みょうばん）	やつがしら、栗などの煮くずれを防ぐ。
酢	れんこんやカリフラワーを白くする。れんこんの歯ざわりをよくする。

問 51 **正解 (4)**

鶏のから揚げに**小麦粉**を使うとグルテンの効果でしっかりとした衣となり、時間がたってもパリパリ感がある。片栗粉の衣では、揚げたてはサクサクしているが、時間がたつとベタベタしてくる。

問 52 **正解 (4)**

(1) **マッシュポテトや粉ふきいもには、粉質の男爵が適している。**ただし、煮物には粘質のメークインのほうが煮くずれを起こしにくく、適している。

(2) 冷めてくるとペクチンの流動性がなくなり**粘性が高まるため、分離しにくくなる。**

(3)(4) 皮をむいたじゃがいもを空気中にさらしておくと、褐変する。細胞内にあるチロシンと酸化酵素によって、メラニンを生じるためである。**メイラード反応（アミノカルボニル反応）は、アミノ酸と糖類を一緒に加熱することで起こる褐変現象。**

問 53 **正解 (2)**

「つぶしあん」は、豆を煮てすりつぶすか、ミキサーにかけ、これを布袋に入れて絞ったもので、**豆の種皮が残っている。**豆を煮てつぶし、豆の種皮を除いたものは「こしあん」で、一般にあんこと呼ばれるもの。

問 54 **正解 (3)**

照り焼きは、**魚臭が強く、脂肪の多い魚に向く調理法**である。魚を調味液につけておき、塩分により身をしめて弾力性を持たせてから焼く。ぶり、かじき、銀ダラなどが向いている。

問 55 **正解 (3)**

コンベクションとは、**対流を利用したオーブン**のこと。ヒーターなどを利用して焼き上げるオーブンに、ファンで風を起こし、空気を対流させて熱風にし、その熱風によって食品を加熱するというもの。マイクロ波を利用した誘電加熱は電子レンジ。

問 56 **正解 (3)**

(1) 離漿とは水分が分離して出てくることで、特に**寒天濃度の薄いものは離漿しやすい。**

(2) 砂糖を加えて固めると、砂糖の分子が水の分子と結合して**離漿を防げる。**

(3) 果汁などを入れて酸性状態にして加熱すると、ガラクトースが加水分解を起こして固まりにくくなるので、**寒天の温度が60℃ぐらいまで下がってから、果汁や果物を入れて固める。**

(4) 生のパイナップルを加えると固まらなくなるのは、**ゼラチンゼリー**である。寒天は固まるが、離漿を起こりにくくする方法とはいえない。

第**5**回

問57 正解 （1）
アルミニウムは**軽くて熱伝導率も高い**ので広く使われている。厚手のものであれば保温力も優れている。ただし、アルミは強酸性、強アルカリ性に弱いので、酢やレモンなどの酸性のものを使用した料理や、こんにゃく、重曹などのアルカリ性の強い食材などを使った料理ではなるべく使用を避けたほうがよい。

食文化概論

問58 正解 （2）
魚醤とは、魚介類を原料にした独特の風味を持つしょうゆ状の調味料である。(1)のナムプラーはタイ、(3)のタクトレイはカンボジア、(4)のパティスはフィリピンである。

問59 正解 （4）
(1) 人類の食文化を象徴しているのは、「**道具の使用**」「**火の利用**」「**食物の味付け**」という3つの事柄である。
(2) **箸食は中国に起源がある**。

(3) 食物の基本的条件には「安全であること」「栄養的要求を満たすこと」「嗜好的要求に合うこと」の3つがある。**経済性は制限条件の1つ**。

問60 正解 （2）
(1) ずんだ餅は、**すりつぶした枝豆をあんに用いる餅菓子**。特に宮城県が中心。
(2) **深川めし**は、アサリ、はまぐり、あおやぎなどの貝類と、ねぎなどの野菜を煮込んだ汁物を米飯にかけたものや炊き込んだもの。東京都の郷土料理。下町の江戸っ子の食べ物として生まれた。
(3) **おきゅうと**は、海藻（エゴノリ）を干し、煮溶かして小判型に固めたもの。食べるときに切り、酢じょうゆやポン酢、マヨネーズなどをかけて食べる。福岡県の郷土料理。
(4) **きりたんぽ**は秋田県の郷土料理。つぶしたうるち米のご飯を杉の棒につつむように巻き付けて焼いたきりたんぽ餅を棒からはずして食べやすく切った食品。

公衆衛生学

問 1 正解 (1)
人口統計として、**人口静態統計**（国勢調査）と**人口動態統計**がある。国民生活基礎調査は、保健、医療、福祉、年金、所得などの、国民生活の基礎的事項を調査するものである。

問 2 正解 (2)
環境保健行政は、主に環境省の所管である。

問 3 正解 (4)
学校給食法は、学校給食の普及充実および学校における食育の推進を図ることを目的としている。具体的には、①健康の保持増進、②望ましい食習慣を養う、③明るい社交性および協同の精神を養う、④環境の保全に寄与する態度を養う、⑤勤労を重んずる態度を養う、⑥伝統的な食文化について理解する、⑦食料の生産・流通・消費について正しい理解に導く。「残さず食べること」という目標はない。

問 4 正解 (1)
(2) **妊娠届**は、**市区町村長**に届け出る。

(3) **母子健康手帳**は、妊娠の届出を受けた**市区町村長**が**交付**する。

(4) **健康診断**は、**市区町村**が主体となって母子に対する健康診査を実施する。

問 5 正解 (3)
(1) **FAO**（Food and Agriculture Organization of the United Nations）は、**国際連合食糧農業機関**である。

(2) **WHO**（World Health Organization）は、**世界保健機関**である。

(3) **ILO**（International Labour Organization）は、**国際労働機関**である。

(4) **UNICEF**（United Nations Children's Fund）は、**国際連合児童基金**である。

問 6 正解 (2)
(1) 昭和56年以降、**悪性新生物が死因の第1位**となり、2022（令和4）年における全死亡者数の24.6％を占める。

(3) **老衰は平成13年以降増加**し、脳血管疾患にかわって死因の第3位となっている。

(4) 悪性新生物の部位別死亡率は、

問題 ➡ 問題編 P.108 ～ 126

男性は肺がんが最も多く、**女性では大腸がん**が最も多くなっている。

(4) 疾病予防に第4次予防はない。

●予防医学における疾病予防

段階	予防内容	実施内容
第1次予防	疾病の原因となるものを取り除いて、発生を防ぐ	食生活改善、適度な運動の習慣、予防接種など
第2次予防	疾病を早期に発見して治療し、重篤な障害を予防する	がん検診、健康診断など
第3次予防	疾病の悪化を防ぎ、臨床的な治療を実施する。社会復帰、機能回復を目指す	治療の継続、社会復帰のための外部支援やリハビリ、職場の配置転換など

問 8　正解　（3）

(1) PM2.5とは、**粒径2.5μm（2.5mmの1000分の1）以下の粒子状物質**で、炭素、金属、硝酸塩などを主成分とする、さまざまな物質の混合物。

(2) 不快指数とは、不快と感じるような体感で、**気温と湿度**で表した指数のこと。77になると約65％の人が不快を感じ、85では約93％の人が不快を感じるといわれる。

(4) COD とは、**化学的酸素要求量**のことで、水質汚染の指標の1つとされる。

問 9　正解　（2）

水の衛生条件は、下記のとおりである。

・無色透明、無味、無臭であること
・pH が、5.8〜8.6で、極端な酸性またはアルカリ性でないこと
・病原菌や病原生物を含まないこと。または、それらに汚染されたことを疑わせるような生物や物質を含まないこと
・シアン、水銀などの有害物質を含まないこと
・銅、鉄、フッ素などの物質を許容量を超えて含まないこと

食品学

問 10　正解　（4）

(1) きのこ類のうま味成分は、**核酸系のグアニル酸**である。

(2) しいたけは傘の開き方によって「冬菇（どんこ）」「香菇（こうこ）」「香信（こうしん）」となる。傘が完全に開いたのは香信。

(3) **市場に出回るのは栽培えのきだけ。** 天然ものにはヌメリがあるが、栽培種にはまったくない。

(4) ビタミンDには D_2〜D_7 の6種類があり、きくらげのビタミン D_2 含有量は食品の中でもトップクラスである。

問11 **正解** **(2)**

麹菌はたんぱく質をアミノ酸に分解する**プロテアーゼ**や、でんぷんを分解する**アミラーゼ**、脂質を分解する**リパーゼ**をはじめ、たくさんの酵素を生成する。

酵母類、カビ類、細菌類などの食用微生物による発酵を利用して作られる食品には下の表のようなものがある。

問12 **正解** **(2)**

「食品」に含まれないため、医薬品、医薬部外品、ペットフードには食品表示基準は適用されない。また、設備を設けて飲食させる場合も、食品表示基準の対象ではない。

問13 **正解** **(3)**

(1) 魚類は日本人の食事にとって良質なたんぱく質源である。

●発酵食品と主要微生物

主要微生物		食品名	主な原料
酵母単用	ビール酵母	ビール	大麦
	ワイン酵母	ワイン	ぶどう
	パン酵母	パン	小麦粉・ライ麦粉
カビ単用	カビ	かつお節	かつお
	くものすカビ	テンペ	大豆
細菌単用	納豆菌	納豆	大豆
	乳酸菌	ヨーグルト	牛乳
	酢酸菌	食酢	アルコール
カビ・酵母 併用	麹カビ・清酒酵母	清酒	米
	麹カビ・焼酎酵母	焼酎	米・いも
	麹カビ・泡盛酵母	泡盛	砕米
細菌・酵母 併用	乳酸菌・酵母	漬物	野菜
	乳酸菌・酵母	ケフィア	牛乳・羊乳・やぎ乳
	乳酸菌・酵母	クミス	馬乳
カビ・酵母・細菌を併用	麹カビ・しょうゆ酵母・各種細菌	しょうゆ	大豆・小麦
	麹カビ・酵母・細菌	味噌	大豆・米・大麦

(3) 魚類の脂質に多く含まれる**多価不飽和脂肪酸(高度不飽和脂肪酸)**は、空気中の酸素により**酸化しやすい**。また、いわゆる魚臭を帯びたりする欠点がある。魚類の脂質を構成する脂肪酸は 70 ～ 80 ％が不飽和脂肪酸で、特にオレイン酸が多い。

(4) 回遊する魚に血合肉(血合筋)は多く、ヒラメのような底棲性の魚類には少ない。

問 14 正解 （1）

(1) ビールは大麦にビール酵母を用いて発酵させたもので、醸造酒の一種。醸造酒は原料の炭水化物をアルコール発酵させてろ過したもので、清酒・ビール・ワイン・紹興酒などがある。

(2) 清酒は米を原料にして、麹カビと清酒酵母を併用して発酵させたもので、醸造酒である。

(3) ウイスキーは蒸留酒で、大麦を原料として酵母を用いてアルコール発酵させたものを蒸留し、樫の木の樽に詰めて熟成させたもの。**蒸留酒には、焼酎・ウイスキー・ブランデー・ジン・ウオッカなど**がある。

(4) ブランデーは、ぶどうを原料としてワイン酵母を用いてアルコール発酵させて製造したワインを蒸留し、樫の木の樽に詰めて長年熟成させた蒸留酒。

前ページの表も参照のこと。

問 15 正解 （3）

キャリーオーバーや加工助剤は、微量しか存在しないか、その食品の完成前に除去した添加物のため表示義務はないが、それが特定原材料にあたる食品から作られた場合は特定原材料の表示が必要である。ただし、特定原材料の総たんぱく質量が、数 μg /mL 濃度レベルまたは数 μg /g 含有レベルに満たない場合は、表示の必要性はないとされる。添加物の表示の免除については、下表を参照。

●添加物で表示が免除される場合

加工助剤として使用した場合	砂糖の脱色に使った活性炭など
キャリーオーバーの場合	せんべいに使用されたしょうゆ中の保存料など
栄養強化の目的で使用する場合	ビタミン A、β－カロテンなどのビタミン類、その他ミネラル類、アミノ酸類など
小包装食品	表示可能面積が 30 cm² 以下の場合
バラ売り食品、未包装の場合	ケーキ屋で対面販売されるケーキなど

栄養学

問 16　正解　(3)

(1) **グリコーゲン**はブドウ糖が多数結合した多糖類で、動物体内に存在し、動物でんぷんともいわれる。

(2) **セルロース**は植物の細胞壁および食物繊維の主成分で、別名繊維素という。消化・吸収されないが、整腸作用がある。

(4) **デキストリン**は、でんぷんを酸やアミラーゼで加水分解する際に生じる一群の中間生成物。水に溶けやすく、消化がよい。

問 17　正解　(4)

(1) 母乳に含まれる**免疫グロブリン**が感染抑制効果を持つ。

(2) 高齢期の食事は塩分の過剰摂取を避けるため薄味にし、酸味やうま味を上手に生かした調味を心がける。

(3) 離乳は生後5～6ヵ月頃から始めるが、1歳～1歳半(12～18ヵ月)頃に完了する。

問 18　正解　(3)

(1)(2) **アミノ酸**は小腸で吸収され、毛細血管を経由して肝臓から体の各組織に運ばれ、そこで必要なたんぱく質に合成される。一部のアミノ酸はエネルギーを発生するのに使われるが、主要な

働きではない。

(3) 肉類は熟成によりたんぱく質が分解されてアミノ酸となり、軟化するとともにうま味を生ずる。

(4) 一般的に動物性たんぱく質の栄養価のほうが、植物性たんぱく質より優れている。

問 19　正解　(1)

(2)(3) 腸で吸収されたカルシウムは**血液中に入り**、体の組織に運ばれて骨形成に使われる。このときに**アミノ酸やビタミンD、マグネシウムなどが必要**となる。

(4) 血液中には常に一定のカルシウム濃度が必要なので、血液中のカルシウム濃度が低下すると、骨に蓄えられているカルシウムから補うことになる。これを**骨吸収**という。

問 20　正解　(3)

基礎代謝は体温を維持したり、臓器を働かせたりするために必要なエネルギーで、安静時に消費されるエネルギーである。外気温が10℃高くなると基礎代謝は2%減少するなど、**夏(高温環境)よりも冬(低温環境)のほうが高くなる。**

問 21 正解 （3）
(1) たんぱく質は、**膵液のトリプシン、キモトリプシン**によりペプチドに分解される。
(2) 脂質は、**膵液のリパーゼ**により脂肪酸とグリセロールに分解される。
(4) ショ糖は、**膜消化液のスクラーゼ**によりブドウ糖と果糖に分解される。

問 22 正解 （3）
(1) こまは、食事のバランスと適切な運動によって安定して回転する（厚生労働省、農林水産省ホームページを参照）。
(2)(4) 食事バランスガイドでは、毎日の食事を、主食、副菜、主菜、牛乳・乳製品、果物の５つに区分し、１日当たりの食事の提供量を、**SV（サービング）**という単位でいくつ必要かを示している。
(3) 食事の適量は性別、年齢、活動量によって異なるため、適量チェックチャートを使って自分に適した量を見極める必要がある。

問 23 正解 （1）
(1) 母乳には**免疫効果**がある。
(2) 母乳と粉ミルクを併用する栄養は**混合栄養**という。
(3) 母乳よりも牛乳のほうがたんぱく質を多く含む。

(4) **離乳**とは、栄養の方法を授乳栄養から普通の食事に切り替えていくことをいう。

問 24 正解 （1）
50歳以上の年齢区分を、**50〜64歳、65〜74歳、75歳以上の3区分**にした。

食品衛生学

問 25 正解 （3）
(1) 豚、犬、猫などの腸管や自然環境中にいる細菌で、河川水などから見つかっている。原因食品は食肉（特に豚）加工品、野菜サラダなど。
(2) 発育に適した温度は25〜30℃だが、0〜4℃でも発育できる低温細菌で、冷蔵庫内の食品中でも増殖する。
(4) 潜伏期間は半日〜6日間。症状としては、特に右下腹部痛、下痢、嘔吐、発熱、咽頭痛など。

問 26 正解 （1）
(2) 寄生部位は、**胃壁**である。
(3) **タラ、サバ、スルメイカなどの腹腔や筋肉に寄生**する。
(4) ヒトに感染するのは、**幼虫**である。

問 27　正解　(3)

腸管出血性大腸菌は桿菌である。他には、赤痢菌、セレウス菌、ウェルシュ菌、ボツリヌス菌も桿菌である。

問 28　正解　(1)

(2) 汚染源は主に**家畜、家禽、ねずみ、昆虫**。自然の土壌や水中などでも比較的長く生存する。

(3) 原因食品は、**鶏、豚、牛、鶏卵**などが多い。

(4) **芽胞（がほう）を作らず、65℃3分程度の加熱で死滅**する。

問 29　正解　(4)

(1) 細菌の増殖には、**栄養素、温度、水分**の3条件のすべてが必要である。

(2) **中温菌は、30〜40℃の温度でよく増殖**する。ほとんどの細菌は中温菌である。

●微生物の生育温度域

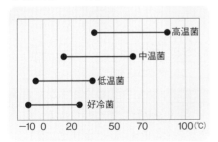

(3) **偏性嫌気性菌は、酸素がまったくない、あるいは微量であるときに増殖**する。

●細菌などの微生物が増殖する条件

・栄養素
・適度な温度／その微生物が増殖しやすい温度。
・水分活性／自由水の割合のこと。一般細菌の水分活性0.9以上、一般のカビ、酵母の水分活性0.8以上。
・その他／一般に中性から弱アルカリ性を好む。通性嫌気性菌、偏性嫌気性菌を除いて、一般的に酸素が必要。

問 30　正解　(4)

(1) 食品の器具・容器包装には、食品衛生法に基づいて規格基準が定められている。

(2) 食品の器具・容器包装にはさまざまな材質のものがあり、材料別に規格が定められている。

(3) 陶磁器およびホウロウ製品には着色顔料や釉薬などが使用され、中には**有害金属である鉛、カドミウムを含むものがある。**

問 31　正解　(2)

(1) **次亜塩素酸水**は殺菌、漂白などの効果があり、**食品添加物に指定されている**ので、食品や食器などにも使用できる。

(3) 逆性石けんは、**殺菌力は非常に強いが洗浄力は弱い**。

(4) **石けん**は、洗剤として広く使われているが、**硬水に対しては、洗浄力が落ちる**欠点がある。

問32　正解　（4）

(1) 潜伏期間は**8〜24時間**である。症状は、上腹部痛、下痢。

(2) 汚染源は、**近海海水、海底泥土**などである。

(3) 原因食品は、**生食する近海魚介類、およびその加工品、漬物**などである。

問33　正解　（3）

(1) すべての食品添加物に、使用できる食品と添加量が定められているのではない。例えば、調味料の**L−グルタミン酸ナトリウム**はどんな食品にも使用でき、添加量の規定もない。

(2) いかなる場合でも、規定された**基準の量を超えて使用することはできない。**

(3) **食品が食品添加物と見なされることがある。**例えば、オレンジジュースは飲料とする場合は食品だが、まんじゅうに塗布してオレンジ色を付与する場合には、食品添加物である着色料と見なされる。

問34　正解　（3）

(1) 既存添加物についても指定添加物と同様に、**使用した場合には表示**しなければならない。

(2) 栄養強化の目的で使用した食品添加物の場合には、食品表示法に基づく表示の必要はない。

(3) L−アスコルビン酸ナトリウムは、ビタミンC、V.Cと表示してもよい。

(4) 食品添加物によって表示方法は異なり、**物質名表示、用途名の併記、一括名表示**のいずれかが決められている。

問35　正解　（3）

(1) **メチルアルコール**は有毒であるため、**消毒には使用されない。**エチルアルコールで強い殺菌効果がある濃度70％のものが使われる。

(2) 塩化ベンザルコニウムの水溶液は、逆性石けんと呼ばれ、強力な殺菌力を持つが**洗浄力はない。**

(3) 食品添加物の次亜塩素酸ナトリウムは、野菜などの消毒に使用できる。ただし、付着している寄生虫卵まで**死滅させることはできない。**

(4) 通常、消毒後も非病原菌や細菌の芽胞（がほう）は生き残っている。

問36　正解　（1）

(2) ウイルスは細菌と比べて極めて小さいが、**ノロウイルスなど食中毒を引き起こすものがある。**

(3) 多核の菌糸体をつくって増殖する真菌を**カビ**と呼び、単細胞の真菌を**酵母**と呼ぶ。

(4) 寄生虫であるトキソプラズマの終宿主（しゅくしゅ）は、ネコ科の動物である。

問37 正解 （3）

HACCP に関する記録を、文書として残すことが求められている。

問38 正解 （3）

(1) 規格とは、食品や添加物などの成分や純度などの品質に関することである。

(2) 基準とは、製造・加工・保存などの取り扱い方法の最低条件を示したものである。

(4) 賞味期限とは、劣化速度が比較的緩慢な包装済みの加工食品が対象である。**記載が不要なものは、食塩、うま味調味料などいくつかある。**

問39 正解 （2）

(1) 赤痢、腸チフス、コレラなどは、**経口感染**である。

(3) 破傷風、狂犬病、日本脳炎などは、**経皮感染**である。

(4) エイズは、患者のせきやくしゃみ、握手や抱擁などの日常的な接触により感染することはまずない。感染する可能性のあるのは、**性行為、母子感染、血液媒介感染**などである。

調理理論

問40 正解 （3）

非加熱調理操作は、主として調理の下ごしらえとしての操作で、**物理的方法で食品のテクスチャーなどを変化させる方法である。**

●主な非加熱調理操作

洗浄	洗う、研ぐ
浸漬	浸す、さらす、もどす、漬ける
切砕	切る、むく
撹拌・混合	混ぜる、練る、こねる、泡立てる
磨砕・粉砕	つぶす、くだく、裏ごしする、野菜などをおろす
圧搾・ろ過	しぼる、こす、握る
冷却	冷ます、冷やす、あら熱をとる
凍結	凍らせる
解凍	溶かす

問41 正解 （2）

(1) いも類、豆類、根菜類、卵類を**水**からゆでるのは、成分の変性や組織の軟化が目的。しかし、**かん水は加えない。**

(2) 緑黄色野菜は、葉緑素の退色を最小限に抑えるために、**熱湯**で短時間でゆでてすぐ水にさらす。**食塩を加える**のは、クロロフィルとナトリウムが結びついて緑色が鮮やかになるため。

(3) 甲殻類は**熱湯**からゆでる。たんぱく質の熱変性や色素発色が目的。

(4) パスタなどのめん類は**熱湯に食塩や油**を入れてゆでる。食塩を入れるのは味付けのため。

第6回

問題 ➡ 問題編 P.108 ～ 126

問42 正解 （2）
(1) 油脂の酸化に対して、影響が最も大きいのは酸素である。
(3) 不飽和脂肪酸の多い油脂は酸化されやすい。
(4) 蛍光灯などの光線も酸化を促進する。真空包装であっても、光照射によって酸化が進む。

問43 正解 （4）
●たんぱく質の変性と調理例

変性	調理例
熱凝固	ゆで卵・茶碗蒸し・肉や魚の収縮
起泡	スポンジケーキ・メレンゲ
酸変性	しめさば
酵素による凝固	チーズ

問44 正解 （4）
(1) 食酢や食塩などを加えることで**保水性が高まり**、肉はやわらかくなる。食塩を加えると肉のたんぱく質の成分が溶け出し、加熱したときに脂肪と水を抱え込むため、保水性が増す。
(2) 肉をたたいて筋線維の結合をほぐしたり、ひき肉や薄切りにしたりすることで軟化する。
(3) **プロテアーゼ**の作用により、たんぱく質を分解させることで軟化する。

(4) **ジャカード（ジャガード）**とは、針状のナイフを肉の中に差し込み、細胞線維、筋などを細かく分解して肉を軟化させる方法。

問45 正解 （3）
酢は酵素の作用を弱めるため、りんごやバナナの褐変を防止したり、大根おろしの辛味やカラシの辛味を抑えたりすることができる。たんぱく質の熱凝固を促進するため、落とし卵はお湯に酢を入れておくと、すぐに凝固する。

問46 正解 （4）
調理の役割は食品の栄養効率を高め、同時に安全性や嗜好性を向上させることにある。調味により保存性を高めることや、**食は単に栄養の確保ではなく社交の場であるという文化的特性も有している**。野菜を切ったり、すりおろしたり、加熱することによって、**消化性をよくしている**。

問47 正解 （4）
(1) 色の変化には、食品に含まれる色素以外の成分に酵素が作用して起こるものなどがある。
(2)(4) 野菜に含まれる**ポリフェノール類**は、同じく野菜に含まれる**酸化酵素ポリフェノールオキシダーゼ**によって**酸化され、褐色**

物質を生ずる。通常、植物中ではポリフェノール物質と酵素は一緒に存在していないが、切ったりすりおろしたりすることによって一緒になる。

(3) 加熱後のじゃがいもが黒ずむ原因は、クロロゲン酸と鉄イオンの複合体が形成されるため。

問 48　正解　（2）

(1) 炊飯の加熱過程は、**温度上昇期、沸騰継続期、蒸し煮期**となる。

(2) 沸点までの時間が短いと、米粒の内部にまで十分水が浸透しないうちに表面から糊化が始まり、それにより吸水が妨げられ、しんのある飯になる。

(3) でんぷんを十分に糊化させて、ふっくらとやわらかい飯に仕上げるには、98℃以上の温度を20分程度保つ必要がある。そのため、米粒が激しく動いて沸騰したら、ふきこぼれない程度に火を弱めて5分間置く（沸騰継続期）。この間に水はほとんどなくなるので、焦げないようにさらに火を弱めて10〜15分間加熱し（蒸し煮期）、温度が下がらないようにする。

(4) 火を止めたあとの**蒸らし期**は、飯粒の表面に残った水分を内部に浸透させるのが目的。

●炊飯の過程

標準所要時間	炊飯過程
30分〜2時間	水浸漬期
10分間	温度上昇期
5分間	沸騰継続期 米粒が激しく動く
10〜15分間	蒸し煮期
消火	
10〜15分間	蒸らし期

問 49　正解　（1）

クロロフィルは脂溶性の色素で、酸や加熱でフェオフィチンという物質になり、退色する。

問 50　正解　（2）

(1) 肉の中の**たんぱく質が加熱により凝固し、収縮してかたくなる。**特に結合組織の多い肉はかたくなる。

(2) シチューなどの煮込み料理は、この性質を利用したもの。

(3) 熱によりたんぱく質が変性し、保持していた水分と共存するうま味成分が肉汁として浸出する。

(4) 生肉のときは細胞内にあったうま味成分が、加熱により細胞外に出るため、うま味が増加する。

問 51　正解　（4）

(1) 牛乳を用いた煮込み料理では、野菜や果実、貝類や塩蔵した肉類などを入れて加熱すると、**有機酸や塩類の影響を受けてたんぱく質が凝固し、口当たりが悪くなる**ことがある。これを防ぐには、長時間加熱を避ける、有機酸の少ない完熟果実を使う、あらかじめ下ゆでするなどの処理をするとよい。

(2) **たんぱく質が表面に集まり、熱変性を起こして膜状になる。** 皮膜の除去などをするとよいが、何度も除去すると栄養素の損失になる。

(3) **乳清たんぱく質から硫化水素が発生し、加熱臭がする。** 加熱温度に注意する。

(4) 加熱により温度が上昇すると、**表面張力が低下し泡立ちやすくなる。**

問 52　正解　（4）

●主な野菜の切り方

※（日）…日本料理での呼び名
　（仏）…フランス料理での呼び名
　（中）…中華料理での呼び名

※イラスト上では、どの切り方についても洋包丁で統一しています。

いちょう切り（日）
エヴァンタイユ（仏）

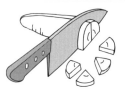

短冊切り（日）
レクタングル（仏）

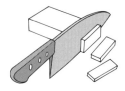

小口切り・薄切り（日）
エマンセ（仏）、片〈ピェン〉（中）

桂むき（日）
リュバン（仏）

みじん切り（日）、アシェ（仏）
鬆〈スン〉・末〈モー〉（中）

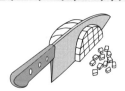

拍子木切り（日）、バトネ（仏）條〈ディヤオ〉（中）

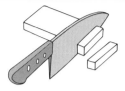

輪切り（日）、ロンデル（仏）

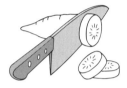

半月切り（日）

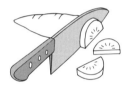

千六本（日）、アリュメット（仏）

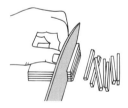

乱切り（日）、馬耳〈マーアル〉（中）

さいの目切り（日）ブリュノアーズ（仏）丁〈ティン〉（中）

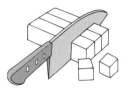

ささがき（日）

六方むき（日）

くし形切り（日）カルティエ（仏）

面取り（日）、トゥルネ（仏）

第6回

問 53   正解　(1)

(2) 一度解凍した食品は、再度冷凍して元の状態にすることはできない。

(3) 青菜や根菜類などの多くの野菜は、サッとゆでてから冷凍すると、解凍後の食感の大きな変化や変色を防ぐことができる。これを**ブランチング**という。

(4) −5℃〜−1℃は氷の結晶が最も大きくなる温度帯で、この温度帯を急速に通過することで細胞の破壊を少なくすることができる。

問 54   正解　(3)

(1) バターの脂肪の**融点は28〜36℃**であり、口の中に入れると溶けるので**口当たりがなめらか**となる。

(2) 小麦粉にもろさを与える性質は**ショートニング性**である。

(3) バターには、**撹拌（かくはん）により空気を抱き込むクリーミング性**がある。

(4) 他の油脂には見られない**味や香りがあり、添加した食品の風味を向上させる**。

問 55   正解　(4)

油脂の融点は、構成する脂肪酸組成によって異なる。二重結合のない飽和脂肪酸は安定しているため、**融点が高く室温では固体の状態**。一方、二重結合のある不飽和脂肪酸は化学的に不安定で、**低い温度でも溶け、10〜20℃程度の室温では液体の状**態。パルミチン酸やステアリン酸などの飽和脂肪酸と、リノール酸などの不飽和脂肪酸の含有比率により、融点が異なる。豚脂（ラード）の融点は体温程度であり口中で軟化する。

問 56   正解　(3)

(1) わさびは目の細かいおろし器でおろすと酵素が働きやすく、辛さが増す。

(2) **新鮮な卵は濃厚卵白が多く泡立てにくいが、安定性が増す。**

(3) 生クリームを泡立てると、油分と油分とがぶつかりあうことで膜になり、空気を抱き込んでクリーム状になる。油分の粒子を冷やすと安定する。

(4) 餃子の皮はグルテンを形成させるほうが破れにくくなるので、常温の水や温水を使用する。

問 57   正解　(4)

真空調理とは、**生またはあらかじめ加熱処理した食材と調味料を真空パック専用袋に入れて真空パックし、湯煎器またはスチームコンベクションオーブンで加熱する方法**。95℃以下の低温での調理のため、**低温調理**ともいう。加熱後、ただちに急速冷却し、90分以内に中心温度3℃以下まで急速冷却をして、チルド（0〜3℃）のコールドチェーンを継続するなど、衛生管理に注意する。右ページの表を参照のこと。

●新調理システムの流れ

クックサーブ（従来の調理法）	食材の購入・保管 ➡ 下処理 ➡ 加熱調理 ➡ 盛り付け ➡ 配膳・喫食
クックフリーズ	食材の購入・保管 ➡ 下処理 ➡ 加熱調理 ➡ **急速凍結** ➡ **保存（− 18℃）** ➡ **配送** ➡ **再加熱** ➡ 盛り付け ➡ 配膳・喫食
クックチル	食材の購入・保管 ➡ 下処理 ➡ 加熱調理 ➡ **急速冷却** ➡ **保存（0 〜 3℃）** ➡ **配送** ➡ **再加熱** ➡ 盛り付け ➡ 配膳・喫食 （ニュークックチルは、チルド保存 ➡ 配送 ➡ トレイメイク ➡ 再加熱カートセット ➡ チルド保存 ➡ カート内再加熱 ➡ 配膳・喫食）
真空調理	食材の購入・保管 ➡ 下処理 ➡ **真空包装** ➡ **低温加熱** ➡ **急速冷却（0 〜 3℃）・急速凍結（− 18℃）** ➡ **配送** ➡ **再加熱** ➡ 盛り付け ➡ 配膳・喫食

食文化概論

問 58　正解　(3)

(1) 戦後、復興をする中で、1950（昭和25）年頃からは食料事情が好転してきた。

(2) 冷蔵庫や電子レンジの普及に後押しされて、レトルト食品や冷凍食品などが多く開発された。

(3) 1970（昭和45）年の大阪万博を機に、ファミリーレストランやファストフード店が増加する。

(4) それらの状況を修正すべく、**食育**などの運動が活発化している。

問 59　正解　(4)

イスラム教の食事のルールは「ハラール」という。そのなかで食してよいものはハラール食品（またはハラールフード）と呼ばれる。**ハラールでは基本的に微量であってもアルコールは禁止である。**豚肉はもちろん豚を原料にしたゼラチンやブイヨン、豚肉を揚げた油で揚げられた野菜や魚も食べることが禁じられている。

第6回

(1) **スカンジナビア料理**の代表は、**スモーガスボード**という、各自が好きな料理を自由にとって食べる形式。日本では**バイキング**の名で知られている。**シュラスコはブラジル料理**。ブラジル料理にはフェジョアーダ（フェジョンという黒豆と肉の煮込み）、シュラスコ（牛肉のグリル）などがある。

(2) **ロシア料理**は冬の寒さが厳しいため、体を温める栄養価の高い料理が多い。ウクライナ発祥の**ボルシチやカーシャ（そば粥）、ピロシキ**、クリビヤック（魚のパイ）など。

(3) とうもろこしの粉から作られる**トルティーヤ**は、**メキシコ**の主食。

(4) この他、アラブ諸国の料理には**カフタカバブ（ラムのミンチの串焼き）**などがある。

主な西洋料理については、下表を参照。

●主な西洋料理の特色

西洋料理名	代表的な食材・料理	特　徴
フランス料理	エスカルゴ、フォアグラ、トリュフ	豪華、洗練性。何百種ものソースを使うなどして、味の多様性を作る。
イギリス料理	ローストビーフ、オックステールシチュー、プディング	保守的、実質的。調理法や味付けは全体的に単調。
イタリア料理	パスタ料理、ピッツァ、リゾット、ミネストローネ	地域色と季節色豊かな料理。パスタはスパゲティ、マカロニ、ラビオリなど300種類以上。
アメリカ料理	ビーフステーキ、ポークビーンズ、クラムチャウダー、ハンバーガー	あまり手の込まない、ボリュームのある料理。
スペイン料理	ガスパチョ、パエリア、サングリア	地域ごとの郷土料理が豊か。
ドイツ料理	じゃがいも料理、ソーセージ、ザウアークラウト	実質的、素朴、貯蔵性。
ロシア料理	ピロシキ、ボルシチ、キャビア	貯蔵性。極東地域では脂肪分の多い、濃い味付けのものが多い。

第　回　解答用紙

▶▶▶ 試験時間 **2** 時間

		(1)	(2)	(3)	(4)
公衆衛生学	問 1				
	問 2				
	問 3				
	問 4				
	問 5				
	問 6				
	問 7				
	問 8				
	問 9				
食品学	問 10				
	問 11				
	問 12				
	問 13				
	問 14				
	問 15				
栄養学	問 16				
	問 17				
	問 18				
	問 19				
	問 20				
	問 21				
	問 22				
	問 23				
	問 24				
食品衛生学	問 25				
	問 26				
	問 27				
	問 28				
	問 29				
	問 30				

※各科目6割以上正解で合格水準。詳しくは本冊 P.3 をご覧ください。

公衆衛生学	食品学	栄養学	食品衛生学	調理理論	食文化概論		合 計
／9	／6	／9	／15	／18	／3		／60

		(1)	(2)	(3)	(4)
食品衛生学	問 31	☐	☐	☐	☐
	問 32	☐	☐	☐	☐
	問 33	☐	☐	☐	☐
	問 34	☐	☐	☐	☐
	問 35	☐	☐	☐	☐
	問 36	☐	☐	☐	☐
	問 37	☐	☐	☐	☐
	問 38	☐	☐	☐	☐
	問 39	☐	☐	☐	☐
調理理論	問 40	☐	☐	☐	☐
	問 41	☐	☐	☐	☐
	問 42	☐	☐	☐	☐
	問 43	☐	☐	☐	☐
	問 44	☐	☐	☐	☐
	問 45	☐	☐	☐	☐
	問 46	☐	☐	☐	☐
	問 47	☐	☐	☐	☐
	問 48	☐	☐	☐	☐
	問 49	☐	☐	☐	☐
	問 50	☐	☐	☐	☐
	問 51	☐	☐	☐	☐
	問 52	☐	☐	☐	☐
	問 53	☐	☐	☐	☐
	問 54	☐	☐	☐	☐
	問 55	☐	☐	☐	☐
	問 56	☐	☐	☐	☐
	問 57	☐	☐	☐	☐
食文化概論	問 58	☐	☐	☐	☐
	問 59	☐	☐	☐	☐
	問 60	☐	☐	☐	☐

コピーしてお使いください。

	(1)	(2)	(3)	(4)
公衆衛生学				
問1			●	
問2				●
問3				●
問4		●		
問5				
問6				●
問7	●			
問8			●	
問9		●		
食品学				
問10	●			
問11	●			
問12			●	
問13			●	
問14			●	
問15		●		
栄養学				
問16		●		
問17		●		
問18				●
問19				●
問20	●			
問21				●
問22		●		
問23			●	
問24		●		
食品衛生学				
問25		●		
問26		●		
問27	●			
問28		●		
問29		●		
問30	●			

		(1)	(2)	(3)	(4)
食品衛生学	問 31			■	
	問 32			■	
	問 33			■	
	問 34			■	
	問 35			■	
	問 36			■	
	問 37	■			
	問 38		■		
	問 39				■
調理理論	問 40			■	
	問 41		■		
	問 42			■	
	問 43		■		
	問 44				■
	問 45				■
	問 46			■	
	問 47				■
	問 48			■	
	問 49		■		
	問 50				■
	問 51		■		
	問 52	■			
	問 53	■			
	問 54		■		
	問 55		■		
	問 56				■
	問 57			■	
食文化概論	問 58	■			
	問 59			■	
	問 60		■		

第2回　解答

▶▶▶ 試験時間 **2**時間

		(1)	(2)	(3)	(4)
公衆衛生学	問1			■	
	問2	■			
	問3				■
	問4		■		
	問5		■		
	問6		■		
	問7				■
	問8			■	
	問9			■	
食品学	問10				■
	問11			■	
	問12			■	
	問13				■
	問14		■		
	問15		■		
栄養学	問16		■		
	問17				■
	問18		■		
	問19	■			
	問20		■		
	問21				■
	問22				■
	問23			■	
	問24				■
食品衛生学	問25		■		
	問26				■
	問27			■	
	問28				■
	問29		■		
	問30				■

102

		(1)	(2)	(3)	(4)
食品衛生学	問 31			■	
	問 32	■			
	問 33		■		
	問 34	■			
	問 35				■
	問 36		■		
	問 37			■	
	問 38	■			
	問 39	■			
調理理論	問 40		■		
	問 41			■	
	問 42			■	
	問 43				■
	問 44			■	
	問 45			■	
	問 46		■		
	問 47	■			
	問 48		■		
	問 49	■			
	問 50			■	
	問 51	■			
	問 52				■
	問 53			■	
	問 54			■	
	問 55			■	
	問 56		■		
	問 57	■			
食文化概論	問 58		■		
	問 59				■
	問 60	■			

公衆衛生学

	(1)	(2)	(3)	(4)
問1			■	
問2			■	
問3			■	
問4			■	
問5	■			
問6	■			
問7				■
問8				■
問9		■		

食品学

	(1)	(2)	(3)	(4)
問10				■
問11				■
問12			■	
問13			■	
問14				■
問15			■	

栄養学

	(1)	(2)	(3)	(4)
問16				■
問17			■	
問18			■	
問19			■	
問20			■	
問21				■
問22			■	
問23			■	
問24				■

食品衛生学

	(1)	(2)	(3)	(4)
問25	■			
問26			■	
問27				■
問28				■
問29				■
問30		■		

		(1)	(2)	(3)	(4)
食品衛生学	問 31				■
	問 32				■
	問 33	■			
	問 34				■
	問 35				■
	問 36	■			
	問 37				■
	問 38	■			
	問 39				■
調理理論	問 40			■	
	問 41			■	
	問 42				■
	問 43		■		
	問 44			■	
	問 45	■			
	問 46		■		
	問 47	■			
	問 48	■			
	問 49			■	
	問 50			■	
	問 51			■	
	問 52			■	
	問 53			■	
	問 54			■	
	問 55				■
	問 56		■		
	問 57		■		
食文化概論	問 58			■	
	問 59	■			
	問 60		■		

第4回　解答

▶▶▶ 試験時間 **2**時間

		(1)	(2)	(3)	(4)
公衆衛生学	問1			■	
	問2				■
	問3			■	
	問4		■		
	問5				
	問6				■
	問7			■	
	問8	■			
	問9			■	
食品学	問10	■			
	問11			■	
	問12		■		
	問13	■			
	問14	■			
	問15			■	
栄養学	問16	■			
	問17		■		
	問18				■
	問19		■		
	問20				■
	問21			■	
	問22				■
	問23				■
	問24		■		
食品衛生学	問25				■
	問26	■			
	問27				
	問28				■
	問29				■
	問30				■

	(1)	(2)	(3)	(4)
食品衛生学 問 31		■		
問 32			■	
問 33				■
問 34				■
問 35			■	
問 36	■			
問 37	■			
問 38	■			
問 39	■			
調理理論 問 40			■	
問 41		■		
問 42			■	
問 43			■	
問 44		■		
問 45		■		
問 46		■		
問 47	■			
問 48			■	
問 49		■		
問 50			■	
問 51				■
問 52		■		
問 53		■		
問 54				■
問 55			■	
問 56			■	
問 57		■		
食文化概論 問 58			■	
問 59			■	
問 60				■

科目	問	(1)	(2)	(3)	(4)
公衆衛生学	問1	■			
	問2		■		
	問3				■
	問4			■	
	問5				
	問6				
	問7				
	問8			■	
	問9	■			
食品学	問10			■	
	問11		■		
	問12		■		
	問13			■	
	問14				■
	問15			■	
栄養学	問16				■
	問17		■		
	問18				■
	問19	■			
	問20	■			
	問21			■	
	問22		■		
	問23		■		
	問24		■		
食品衛生学	問25				■
	問26			■	
	問27			■	
	問28				■
	問29	■			
	問30			■	

		(1)	(2)	(3)	(4)
食品衛生学	問 31			■	
	問 32			■	
	問 33			■	
	問 34				■
	問 35		■		
	問 36				■
	問 37		■		
	問 38			■	
	問 39				■
調理理論	問 40		■		
	問 41			■	
	問 42		■		
	問 43				
	問 44	■			
	問 45			■	
	問 46				■
	問 47		■		
	問 48			■	
	問 49			■	
	問 50			■	
	問 51				■
	問 52				■
	問 53		■		
	問 54			■	
	問 55			■	
	問 56			■	
	問 57	■			
食文化概論	問 58		■		
	問 59				■
	問 60		■		

第6回 解答

▶▶▶▶ 試験時間 **2**時間

		(1)	(2)	(3)	(4)
公衆衛生学	問 1	■			
	問 2		■		
	問 3				■
	問 4	■			
	問 5			■	
	問 6		■		
	問 7				■
	問 8			■	
	問 9		■		
食品学	問 10				■
	問 11		■		
	問 12		■		
	問 13			■	
	問 14	■			
	問 15			■	
栄養学	問 16			■	
	問 17				■
	問 18			■	
	問 19	■			
	問 20			■	
	問 21			■	
	問 22			■	
	問 23	■			
	問 24	■			
食品衛生学	問 25			■	
	問 26	■			
	問 27			■	
	問 28	■			
	問 29				■
	問 30				■

		(1)	(2)	(3)	(4)
食品衛生学	問 31		■		
	問 32				■
	問 33			■	
	問 34			■	
	問 35			■	
	問 36	■			
	問 37			■	
	問 38			■	
	問 39		■		
調理理論	問 40			■	
	問 41		■		
	問 42		■		
	問 43				■
	問 44				■
	問 45			■	
	問 46				■
	問 47				■
	問 48		■		
	問 49	■			
	問 50		■		
	問 51				■
	問 52				■
	問 53	■			
	問 54			■	
	問 55				■
	問 56			■	
	問 57				■
食文化概論	問 58			■	
	問 59				■
	問 60	■			

111

※矢印の方向に引くと
　解答・解説編が切り離せます。